La perrita Blackie sabía que los mejores monstruos se esconden
donde nadie puede encontrarlos: en las profundidades de un gran lago,
entre las inmensas cordilleras de los Andes o, en su caso,
en el huequito que queda entre el sofá y la pared.

BLACKIE BOOKS

GRIMWOOD

¡EL ATAQUE DEL MONSTRUO FÉTIDO!

Nadia Shireen supo pronto que su futuro estaría inevitablemente ligado a la literatura infantil. Ya de pequeña disfrutaba elaborando cómics caseros que después mostraba con orgullo, y en los que ya empezaban a asomar un sentido del humor brillante y unos argumentos magnéticos. En 2007 formalizó sus aptitudes en un máster de la universidad de Cambridge, donde pese a lo mucho que tuvo que estudiar siguió garrapateando en los bordes de sus apuntes, porque para ella es inevitable plasmar todas las historias que brotan en su mente. Sus personajes, inolvidables, nos hablan del valor de la amistad y de la necesidad de cuidar la naturaleza, y nos regalan historias como esta de los hermanos Ted y Nancy, que ha fascinado a grandes y pequeños. Una historia que no ha pasado desapercibida en los grandes certámenes de premios literarios, y que ha revolucionado miles de hogares, hasta llegar al tuyo. Bienvenido al mundo de Grimwood. Aquí puedes sentirte como en casa.

Para AMS

Título original: *Grimwood. Book 3: Attack of the Stink Monster!*

MIXTO
Papel | Apoyando la silvicultura responsable
FSC® C109440
FSC
www.fsc.org

Diseño de cubierta: Sergi Puyol

Publicado con el acuerdo de Simon & Schuster UK Ltd
1st Floor, 222 Gray's Inn Road, Londres, WC1X 8HB
A Paramount Company

Calle Església, 4-10
08024 Barcelona
www.blackiebooks.org
info@blackiebooks.org

Maquetación: David Anglès
Rotulación manual: Sergi Puyol
Impresión: Liberdúplex
Impreso en España

Primera edición: noviembre de 2024
ISBN: 978-84-10025-95-0
Depósito legal: B 11476-2024

NINGÚN ANIMAL REAL HA SUFRIDO DAÑO ALGUNO EN LA CREACIÓN DE ESTE LIBRO

GRIMWOOD

¡EL ATAQUE DEL MONSTRUO FÉTIDO!

NADIA SHIREEN

Traducción de Luis Alis

BLACKIE BOOKS

¡Hola, *bonjour*, olé, *konnichiwa*, *salaams* y *namaste*!

ERIC DINAMITA al aparato. ¿Os oigo chillar? ¿Estáis preguntando quién es este mozo tan guapetón?

No me puedo creer que sigan haciendo estos libros.

Veréis, soy cochinilla, conductor de autobús, jugador de bádminton muy dedicado, y sobre todo, vuestro leal amigo y guía. **¿Cómo estáis?** Acabo de volver de unas vacaciones maravillosas con todo incluido en... Pues mirad, no estoy del todo seguro. Acabé atrapado en una maleta llena de chanclas de playa. **Allí metido tenía un panorama bastante oscuro.**

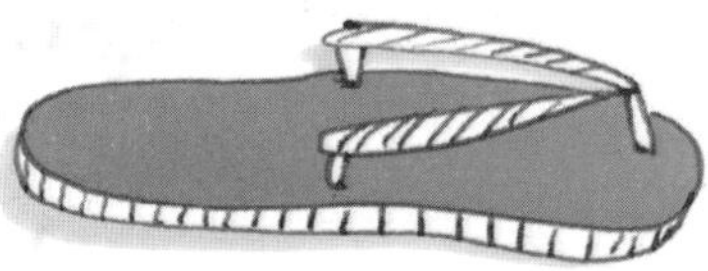

¡Pero bueno, eso da igual! ¡Tenemos que celebrar! **¡Porque, una vez más, HEMOS VUELTO a Grimwood!** Y hay cierto libro que debemos leer, cierta historia que debe ser contada, y jóvenes cabezas que deben quedar PASMADAS. ¿A que es emocionante? (Decid que sí y ya).

PROTAGONIZADO POR:

Este zorrito monísimo viene de la gran ciudad y cree que todo lo que hay en Grimwood es una maravilla. Le encanta el teatro, oler flores y que todo sea genial.

La hermana mayor de Ted es una zorra callejera dura de pelar que cree que Grimwood es un lugar muy turulato. Le encanta el café, gruñir y cuidar de Ted.

Feroz y saltarina, la coneja Sauce posee un gran corazón y una energía inagotable, pero como le digas que es mona, te dará un sopapo en la cara, ¿estamos?

Es el alcalde de Grimwood. Titus es un ciervo tirando a viejete que tiene mano con la repostería y que llora viendo pelis ñoñas sobre delfines. Quiere que todo el mundo se trate de forma cariñosa.

Pata muy glamurosa que antes salía en películas. Es propietaria de una cadena internacional de hoteles de lujo, pero justamente ahora está viviendo encima de una pila de carritos de la compra viejos.

Búho cascarrabias con unas cejas enormes que guarda un secreto: todo el mundo le cae bien. Se pasa las tardes leyendo novelas complicadas y escuchando jazz.

Graja MUY fiestera. Le gusta la música, ponerse gorros tontísimos y gritar **YEEEPA** adonde quiera que va.

Tejón con gran corazón que siempre se preocupa por sus amigos. Conduce fatal, pero bueno, igual que todos los tejones.

Grimwood
A Brillastaña
Cuidado: este mapa
no sirve para nada
VILLACONEJI
A DE TITUS

LA TORRE MÁGICA
El estanquito
Charco que apesta y nadie sabe por qué
Madriguera de Ted y Nancy
Hotel chiquitito solo para hormigas

Fig. I: Sharon, Corvus Convivialis

CAPÍTULO 1
Sueños

Era plena noche en Grimwood. Las hojas de los árboles resplandecían plateadas bajo el brillo de la luz de la luna. Todo estaba tranquilo. Todo estaba en silencio.

¡YEEEPA, YEEEPA, YEEEEEEPPPAAA! —gritó Sharon, la graja fiestera. Avanzaba dando tumbos por el bosque, dejando tras de sí un reguero de purpurina.

—¿De dónde vienes, Sharon? —preguntó un gusano preguntón.

—De una fiesta de gallinas —dijo Sharon mientras se quitaba las pestañas postizas—. ¡Ha sido LA BOMBA! He puesto un huevo enorme.

—Qué guapo —dijo el gusano.

La ruidosa llegada de Sharon a Grimwood causó una pequeña conmoción. Los animales empezaron a despertarse de sus profundos letargos.

—¡Uuuh, uuuh, uuuh! —ululó un búho.

—Pío, pío —pio un gorrioncito.

—Guau —dijo una rana muy rara.

—¡Ñam, ñam! ¡A jalar plátano! —dijo una hormiga que acababa de encontrarse un plátano.

—Dos tonos menos, gente —dijo otro búho, bastante más gruñón—. ¡Aquí hay quien quiere dormir!

El búho gruñón se llamaba Frank, y estaba teniendo un sueño inmejorable en el que había encontrado un disco muy difícil de encontrar del legendario músico de jazz Gonzo McDougall.

—¡Te lo puedes quedar gratis! —dijo el tendero—. De hecho, Frank, quédate gratis todos estos discos carísimos. Es tu día de suerte. ¡Uuuh, uuuh!

—Hala, genial —dijo Frank—. ¡Este es el día más feliz de mi vida! —Pero entonces, el ulular de la vida real le despertó, y cuando se dio cuenta de que todo había sido un sueño, le molestó tanto que no podría haber estado más molesto aunque hubiera querido.

Titus el ciervo estaba soñando que, por fin, ganaba la *Acampada de Mermelada* de Grimwood, que era un despiadado y ultracompetitivo concurso anual de hacer mermelada.

Todos los años participaba, pero siempre perdía contra Cerise Lapotra, una castora de la zona. En su sueño, Titus estaba dándole la pezuña al miembro principal del jurado, el alcalde de Grimwood, y sonriendo mientras le prendían una medalla de rosetón en el pecho. Daba igual que el propio Titus fuera en realidad el alcalde de Grimwood. Eso no importaba en Sueñolandia.

—¡Es un honor! —dijo Titus.

—Tu mermelada era una auténtica maravilla —dijo el otro Titus.

Titus abrió entonces la boca para chupar un poco de mermelada del bote, pero la lengua se le empezó a alargar y a alargar, y de repente el otro Titus se había convertido en su antiguo profe de

Geografía, ¿no os da rabia cuando los sueños se vuelven así de rarísimos?

Sauce, una conejita mona hasta decir basta, estaba durmiendo junto a sus 153 hermanos y hermanas en la conejera que tenían en Villaconeji, una zona de Grimwood que había sido invadida por completo por ~~las vacas~~ los conejos.

—¡Zzzap! ¡Tomad! ¡Ahí va esa, pringados! **¡ZZzzAAAAP!**

En su sueño ella era una CONEJA ROBOT ENORME Y GIGANTESCA que disparaba rayos láser por los ojos, y estaba pisoteando la gran ciudad, reventando coches, contenedores de basura, alienígenas y todo eso.

Rulos el tejón estaba roncando casi tan fuerte como sus hermanos Monty, Jeremías, Jeremías y Jeremías. Soñaba que se acurrucaba calentito en el interior de un bufé libre de desayuno.

—Mmm —dijo mientras se le caía la baba—: Huevos, salchichas, alubias, beicon, tostadas, setas salteadas, tomates, patatas fritas, puré de patatas, aros de cebolla y una hamburguesa para que me dé suerte. Ah, y un batido de fresa. ¡Hurra!

Cogió el bote de salsa de tomate y lo apretó muy fuerte haciendo *¡sqrzfrpzrfrpt!*, echó salsa por encima de toda la comida, de toda la cabeza y por toda la habitación, hasta que acabó nadando en un mar pringoso de kétchup.

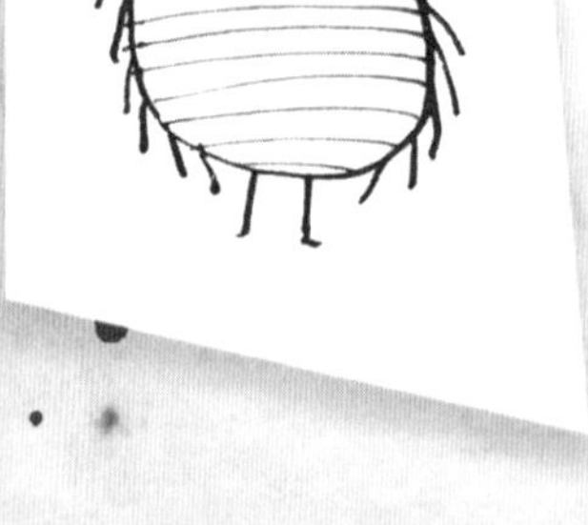

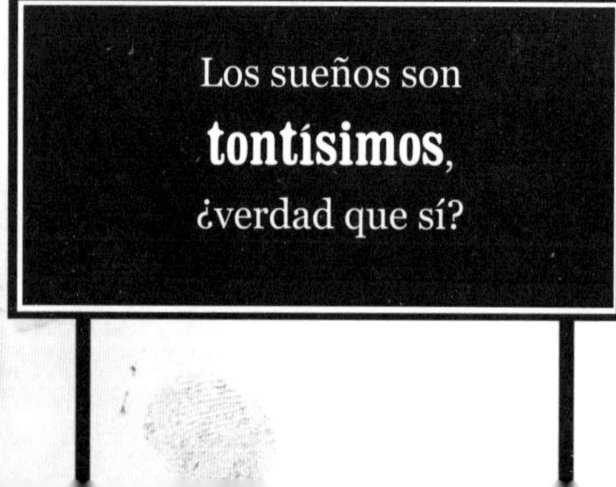

En las grises aguas del estanquito, la pata Ingrid flotaba con gran serenidad cerca de su isla de carritos de la compra. Ella y su marido, don Carlos Borrascosio, llevaban puestos antifaces de seda sobre los ojos y pantuflas mullidas.

Ingrid estaba disfrutando de uno de sus sueños favoritos. Estaba en una ceremonia de premios muy glamurosa, posada en lo alto, por encima del escenario. Nadie podía verla. Por debajo de ella estaba su mayor rival, Penacha Mieles, una joven pata de ojos enormes y plumas doradas y brillantes. Pena-

cha le había quitado a Ingrid todos los papeles en las películas, y estaba recibiendo el premio a la mejor actriz, una idea absolutamente ridícula.

—Me gustaría darle las gracias a la Academia por este premio —dijo Penacha regocijándose—, y a patas pochas y cansadas como la vieja de Ingrid. Si ella no hubiera abierto el camino, ahora yo no estaría aquí. ¡Viva yo!

Rabiosa, Ingrid se apresuró a dejar caer una cacorra con gran precisión sobre la cabeza de Penacha. Penacha gritó. El público se sobresaltó. Ingrid se rio por lo bajini en sueños, y se dio la vuelta.

Pamela, el águila, no dormía. Ella no era favorable a la idea de dormir.

—¡DORMIR ES PARA FLOJOS! —decía con un graznido—. MIENTRAS LOS BLANDENGUES PATÉTICOS COMO VOSOTROS DORMÍS, YO VIGILO DE MANERA SUSPICAZ LA ACTIVIDAD EN CURSO A TRAVÉS DE MIS CÁMARAS DE SEGURIDAD.

Pamela vivía en un nido muy enmarañado hecho

de ordenadores viejos, teléfonos y cables enrollados en lo alto de una torre eléctrica enorme conocida como la torre mágica. La torre emitía un zumbido muy extraño. Y Pamela también.

—¡YEEEPA! —dijo una voz misteriosa. Aunque la verdad es que de misteriosa no tenía ni un pelo, ya que todos sabemos que la única que dice «YEEEPA» por estos lares es Sharon, la graja fiestera.

Sharon llevaba un tiempo viviendo con Pamela. Eran grandísimas amigas, e incluso presentaban juntas un programa de radio, que *casualmente* era muy popular, fíjate tú.

Solo es un pequeño aviso pero, a veces, Pamela le arranca la cabeza a la gente de un picotazo. Sí, ya lo sé, es horrible. **Pero la naturaleza es cruel**. Justo el otro día, una mariposa se burló de mi sombrero.

La madriguera de zorros en Grimwood había estado vacía durante una buena temporada, pero ahora se había convertido en el hogar de Ted y Nancy, una pareja de zorros jóvenes y aguerridos que se habían mudado desde la gran ciudad.

Ted estaba acurrucado con su zapatilla de estar por casa, a la que llamaba Zapatilla. Soñaba que tocaba la guitarra frente a miles de fans enfervorecidos. Era maravilloso.

—¡Hola a todo el mundo! —gritó—. La siguiente canción se la dedico a todos los conejos...

Y abrió la boca para cantar. Pero se le había olvi-

dado por completo la letra. Así que la improvisó en el momento y a nadie le importó.

El público se volvió loco y empezó a entonar cánticos de «¡Ted! ¡Ted! ¡Ted! ¡Ted!».

Y justo después, se pusieron a darle cachetes en la cara y a gritarle.

—¡Eh, Ted! ¡Venga, despierta! —dijo una voz, y cuando Ted abrió los ojos pudo ver que era su hermana mayor, Nancy, dándole cachetitos.

—Ay, jo —dijo Ted con voz somnolienta—. ¡Solo era un sueño! Buaaa.

Se frotó los ojos y se desperezó.

Cuando los abrió del todo, pudo ver que todavía era de noche, y que Nancy daba vueltas con cara de estar preocupada.

—¿Qué pasa, Nancy? —preguntó—. ¿Por qué me has despertado?

Nancy se miró las patas con cara alicaída.

—¿Has vuelto a tener sueños raros? —preguntó Ted con voz amable.

Nancy asintió.

—Sí. Necesito apuntarlo antes de que se me olvide. A ti se te dan mejor las palabras y tal.

Ted metió la mano debajo de su almohada y sacó el lápiz y la libreta. Nancy había estado teniendo un montón de sueños raros últimamente. Frank le había dicho que los escribiera para ver si los sueños estaban intentando decirle algo.

—Vale —dijo Ted—. ¿De qué te acuerdas?

Nancy se hizo un ovillo en la cama.

—De sonidos raros —dijo ella—. Un sonido como de zarandeo, meneo y *salpiqueo*. Y luego, pájaros que graznaban.

Ted lo apuntó.

—Alguien silbaba una melodía —siguió ella.

—¡Haaala! ¿Y qué melodía era? —preguntó Ted, cuyas orejas se pusieron tiesas en cuanto escuchó que Nancy mencionaba música.

Nancy arrugó las cejas.

—No me acuerdo. Agh, qué rabia me da. ¡Se me va la perola!

Empezó a gruñir y a darse golpes en un lado de la cabeza.

—¡Au! Para ya, Nance —dijo Ted—. Vas a hacer que me duela a mí la cabeza.

Nancy volvió a fruncir el ceño. Ella y Ted habían crecido en la gran ciudad sin sus padres. No tenían ni idea de lo que les había pasado. Era un misterio total. Nancy era una tipa más dura que la verdura y cuidaba de su hermanito. Pero aquel día se sentía de todo menos dura.

—Venga —dijo Ted con voz amable—. Ya casi es de día. Vamos a visitar a Titus. Necesitas tomarte un café. Y a mí me apetece un dónut.

¡Dato curioso! Una vez viví dentro de un dónut durante cinco semanas. Fue una de las etapas más felices de mi vida, eso os lo puedo contar ya, gratis.

CAPÍTULO 2

A cocinar

Ted y Nancy llegaron a la caravana de Titus cuando el sol empezaba a salir. En el exterior había una mesa grande de madera donde reposaban tarros de mermelada llenos de flores. Por todas partes había sillas y troncos con cara de buenos amigos, porque a Titus le ENCANTABA recibir visitas.

Ted golpeó con la pata en la puerta.

—¡Titus! —gritó—. ¿Estás despierto?

No hubo respuesta.

—Ya lo despierto yo —dijo Sauce, la mejor amiga de Ted.

—Y tú, ¿desde cuándo andas por aquí? —gruñó Nancy.

—Ah, pero si llevo AÑOS despierta —dijo Sauce con una gran sonrisa—. Ya me he leído cinco libros, he ido a nadar, me he construido un guardarropa y he aprendido a ir en monopatín. Ahora vengo a ayudar a Titus a hacer una tarta.

Nancy sacudió la cabeza.

—Coneja, eres demasiado.

—Lo que soy es PERFECTA, disculpa —anunció Sauce, y con su patita pequeña pero firme, abrió de un golpetazo la puerta de la caravana de Titus.

Una masa peluda con cuernos enormes roncaba bajo una colcha decorada con flores. La masa era Titus, OBVIAMENTE. Estaba hablando en sueños.

—RRRRRROOONCCC... Fuiiiiii... RRRRRROOONCCC... Fuiiiiii... Ah, sí, una tacita más, vicario, por favor... GROOONC... Fuiii... Ah, ¿este té es darjeeling? Qué mezcla más fabulosa, por favor. Ah, pues sí, resulta que esta tetera es una antigüedad...

Sauce puso los ojos en blanco.

—Otra vez está soñando con que gana el concurso de hacer mermelada —dijo—. Ese sueño es de sus favoritos.

Se fue derechita a la nevera de Titus, cogió dos lonchas de queso y se puso a dar botes en su cama.

—¡A DESPERTARSEEE! —gritó a pleno pulmón mientras saltaba una y otra vez sobre el pobre Titus y le daba cachetes con el queso—. ¡TITUS, LEVANTA, TIRA DE LA MANTA!

—¡Mmmmmmnaaargh! —gritó Titus, y de repente se incorporó y se quedó muy recto. Parpadeó, sacudió el hocico y entonces se dio cuenta de que allí estaban Sauce y las lonchas de queso.

—¡Anda, ñam, ñam! ¡Desayuno en la cama!

—dijo—. Muchas gracias, joven Sauce. ¡Eres muy considerada!

Dobló cuidadosamente las lonchas de queso y se las metió en la boca.

Unos pocos minutos más tarde, todo el mundo estaba sentado alrededor de la mesa de Titus. Nancy estaba sirviéndose una taza de café cargado, y Ted y Sauce disfrutaban de sus zumos energéticos Cornamental.

¡Hola! Por si se os ha olvidado, el zumo energético Cornamental es un batido delicioso que prepara Titus. A saber qué rayos le pone.

Yo prefiero no preguntarlo.

Titus, que ahora llevaba puesto un gorro de cocinero y un delantal, dejó caer tazones y cucharas sobre la mesa.

—¡No puedo creer que se me hayan pegado las sábanas! —dijo—. ¡Hoy, precisamente hoy, de entre

el resto de los días! ¡Hoy, que tengo que preparar la mejor tarta de boda que haya sido preparada jamás!

Grimwood llevaba semanas inmerso en una conmoción de preparativos para la gran boda de dos ardillas, Romeo y Julieta. Romeo era de Grimwood, y Julieta era de Brillastaña, un lugar encantador que colindaba con Grimwood. Durante años, los dos vecindarios habían estado separados por el pantano de la desesperación. Pero después de que un zorro ciego de ambición intentara convertirlo todo en un parque vacacional o algo así, Grimwood y Brillastaña unieron sus fuerzas.

Todas estas aventuras podéis leerlas en otro libro que no es este. No me acuerdo de cómo se llama. Desde luego que no es ***La historia de Eric Dinamita***, que estaréis de acuerdo en que es el libro que estamos todos esperando.

Total, que la pata Ingrid no paraba de parpear sobre que era mala idea que dos ardillas llamadas Romeo y Julieta se acabaran casando.

—Sois un hatajo de zoquetes —exclamaba—. Todo el mundo conoce la famosa obra de William Shakespeare llamada *Romeo y Julieta*, ¿no es cierto?

Su esposo, don Carlos Borrascosio, se ahuecó las plumas.

—Querida, mucho me temo que esta chusma no sabe nada de teatro —dijo con un suspiro.

—Sí, la verdad es que yo solo he visto la película —dijo Sauce, intentando ser de ayuda—. No veas lo buena que era. Había luchas, persecuciones de coches y toda la pesca.

A Ingrid y a don Carlos les dio un escalofrío.

—Las películas de hoy en día no son lo que eran —dijo Ingrid con tono cursi. Y lo decía sabiendo de lo que hablaba, ya que ella había sido una grandísima estrella del cine, además de una espía supersecreta del gobierno *y también* la propietaria de una cadena internacional de hoteles.

Sí, está claro que parece mucho para una pata, pero... ¿Alguna vez te has sentado a hablar con un pato? **O sea, hablar de verdad.** Están metidos en muchas más cosas de las que te podrías imaginar, ¿sabes?

—Bueno, resumiendo —continuó diciendo Ingrid—. En esa obra, las cosas acaban FATAL entre Romeo y Julieta.

—Oye, o sea, ESPÓILERS y tal —dijo Sauce mientras se ajustaba su delantal de cocinera—. Además, eso no significa que a las ardillas Romeo y Julieta tenga que irles mal, ¿a que no?

Nancy puso cara de tierra, trágame.

—Pero si aquí las cosas siempre acaban yéndose de madre —espetó—. No veo por qué una boda de ardillas iba a ser distinta.

Mientras, Titus contaba huevos.

—Menuda cantidad de huevos —dijo Nancy—. ¿Estás intentando hacer una torre con huevos por algo en concreto?

—Solo... ¡Solo para... pasarlo bien! —dijo Titus con el hocico tembloroso mientras balanceaba despacito un huevo encima de otro.

—¡Aquí traigo la harina! —gritó Sauce al tiempo que dejaba caer dos bolsas enormes encima de la mesa y hacía que la torre de huevos de Titus se desmoronara.

—¡Noooooo! —gritó.

Ahora lo que tocaría es dar gracias a Rulos, el tejón, que estaba echando una cabezadita debajo de la mesa de Titus. Su barriga peluda de tejón sirvió de amortiguación para casi todos los huevos.

—¡Socorro, socorro! ¡Estoy cubierto de huevos! —gritó Rulos.

Nancy y Ted arrastraron a Rulos y lo sacaron de debajo de la mesa. Algunos de los huevos se le habían roto en el pelaje. Ted recogió los chorretones amarillos con una cuchara y los metió en el cuenco de mezclar.

—Seguro que no pasa nada —dijo Titus con un suspiro mientras sacaba pelitos de tejón de dentro del cuenco.

De repente, se oyó el sonido de una bocina, y un extraño robot con luces entró rodando sobre sus ruedas. El robot reproducía una música muy alta que sonaba **DUF-DUF-DUF-DUF.**

—¡YEEPA! ¡YEEPA! ¡ABRID PASO A LAS RUEDAS DE ACERO! —dijo el robot. Aunque claro, no era un robot.

Era Sharon, la graja fiestera, que llevaba puestas unas gafas de sol y un casco plateado. Estaba sentada en un carrito de la compra que llevaba luces decorativas. En el carrito había un cartel que decía:

—¡YEEEPA! Mañana seré la DJ de la boda. ¡Yujuuu!

Y sacudió la cabeza al ritmo de la música que hacía **DUF-DUF-DUF-DUF**.

Sauce empezó a bailar a lo loco, lanzando puñados de harina por el aire y dando gritos. El aire se llenó de nubes de polvo blanco.

—Ñammm —dijo Ted mientras se metía un chorro generoso de melaza en la boca para luego dejar que el resto chorreara sobre la mezcla de la tarta.

Y entonces, Sauce le tiró una bola de harina.

—¡LUCHA DE COMIDAAA! —dijo con un alarido, tras lo cual ella y Ted empezaron a tirarse ingredientes la una al otro sin miramiento alguno.

—¡Los huevos no! —dijo Titus—. ¡Tiraos lo que queráis menos los huevos!

Y le lanzó una nube de golosina a Sauce con poquita fuerza.

—Veo que estáis de tarteo —dijo Frank, el búho, que bajó volando de algún sitio cualquiera. Siempre estaba haciendo eso.

—Sí, es una tarta para la boda de las ardillas —dijo Nancy con brusquedad.

—Ah, sí —dijo Frank—. Hace poco me pasé por Brillastaña. Está todo el mundo emocionadísimo. Demasiada emoción para mi gusto, la verdad.

Echó un vistazo en dirección a Nancy, que estaba frunciendo el ceño más de lo normal.

—Ponme un café, ¿quieres? —dijo mientras bostezaba y se desperezaba estirando sus grandes alas.

—Resulta que no podemos entrenar a arbolplof por culpa de la boda esta de las narices, ¿tú te crees? —resopló Nancy mientras le ponía a Frank una taza de café negro y espeso. Grimwood iba a jugar un partido de arbolplof contra Brillastaña unos pocos días después, y el equipo necesitaba perfeccionar sus movimientos.

—Pues sí, es un engorro. Pero tampoco podemos interponernos en el camino del amor auténtico, ¿verdad que no? —dijo Frank.

—Pero bueno ¿me cuentas lo que te está comiendo por dentro realmente? —siguió diciendo

¡CHOQUE DE ARBOLPLOF!
GRIMWOOD
CONTRA
BRILLASTAÑA
¡ENTRADA LIBRE!
TRÁETE LOS FRUTOS SECOS DE CASA

Frank mientras se examinaba las garras—. Siempre es evidente cuando te pasa algo.

Nancy arrugó el gesto y se mordió la pata. Todavía estaba acostumbrándose a hacer cosas como hablar de sus sentimientos en lugar de comer alitas de pollo sacadas de un cubo de basura.

—¿Te acuerdas de los sueños de los que te hablé? —dijo.

Frank asintió.

—Anoche tuve otro. Uno bastante malo. Ted ha apuntado algunos trozos de los que me acuerdo. ¿Crees que tu amigo nos podría echar un cable?

—¿De qué amigo me hablas? —preguntó Frank.

—Sí, hombre, la paloma doctor esa de Brillastaña —dijo Nancy.

—Ah, ¿el doctor Khan? —dijo Frank—. Claro. Podemos ir a visitarlo. Está siempre en la biblioteca.

Nancy se estremeció.

—No me gusta ese sitio —dijo con un gruñido.

—Ya sé que no te gusta —dijo Frank—, pero eso es porque un zorro enloquecido de poder te encerró en una celda secreta en el subterráneo de la biblioteca. Y eso no va a pasar de nuevo.

Y entonces, un puñado de levadura le golpeó en el pico.

—Vale —dijo Nancy—. ¡Ted! Nos vamos a la biblioteca.

—¡Guay! —dijo Sauce mientras se quitaba el delantal y se chupaba pegotes de masa pastelera del pelaje.

—Coneja, me parece que no te he invitado a venir —dijo Nancy con tono de regañina, pero Sauce la ignoró por completo.

De algún modo, Titus había logrado meter cinco tartas en el horno mientras esquivaba la guerra de comida que habían organizado Ted y Sauce, y ahora estaba hecho un ovillo en el suelo, sollozando en silencio.

—¿Te encuentras bien, Titus? —le preguntó Ted—. Perdona que hayamos montado una guerra de comida. Vamos a limpiarlo todo.

—¡Ah, no es por eso, niñito querido! —dijo

Titus mientras se sorbía los mocos—. ¡Estas lágrimas son de felicidad! Siempre lloro un poquito cuando horneo bollería. Es que soy tan, tan bueno con la bollería.

—Está como una regadera —dijo Nancy mientras ponía cara de no creerse lo que estaba escuchando.

—¡Pues te informo de que es un bizcocho de vainilla! —vociferó Titus.

Esta situación parece ser
totalmente normal.
Circulen, por favor.

CAPÍTULO 3
Lecturas

Ted, Nancy y Sauce estaban cruzando Grimwood a pie. Frank planeaba un poco por delante de ellos, marcando el camino. Sauce iba cantando una cancioncilla alegre.

Nancy le había lanzado una castaña a la cabeza.

—A cerrar el picatoste —dijo Nancy—. Que me empiezan a pitar los oídos.

Ted miró a Sauce y le dio un apretoncito a la pata de su amiga.

—Perdona —susurró—. Es que creo que está un poco nerviosa. Está teniendo sueños y tal.

Sauce hizo un mohín y se frotó la naricita tan adorable que tenía.

—Bueno, pues espero que el doctor le dé un poco de medicina para que se le pase lo de ser una CASCARRABIAS de la porra —dijo.

El grupo llegó a la orilla del pantano de la desesperación. Estaba todo lleno de barro, olía mal y

durante años había sido un lugar casi imposible de cruzar. Pero el amable alcalde de Brillastaña, una ardilla llamada Costri McTavish, había pedido a los castores de Brillastaña que construyeran un puente de troncos para cruzarlo. Ahora todo el mundo podía pasar dando saltitos alegremente de un lado al otro y viceversa, lo cual resultaba sin duda muy útil.

Ted olisqueó el aire.

—Sauce —dijo—. ¿Has estado comiendo Luceros Cósmicos?

—¡No! ¿Por qué? ¿Tienes? —preguntó Sauce, mirando alrededor, a ver si veía algún ejemplar de sus chuches seta favoritos.

—No, pero huele a algo espantoso —dijo Ted, tapándose la nariz—. Pensaba que te salía del trasero. Porque ya sabes lo que pasa cuando comes Luceros Cósmicos.

Sauce alzó la nariz al aire y olisqueó unas pocas veces.

—*Naaa...* Estos gases no son de mi cosecha —dijo.

—Jooo —dijo Ted—. Estás tan mona cuando haces eso con la naricita.

—¡GROAAAAAARGH! —gritó Sauce, tras lo cual se lanzó sobre Ted y lo inmovilizó contra el suelo.

—¡Te lo he dicho una y un multillón de veces!: QUE NO ME DIGAS QUE SOY MONA.

—¡Mmmmmmf! —dijo Ted, lo cual significaba «lo siento», pero como tenía un conejo mosqueado en la cara, le costaba decirlo.

—Yo también huelo algo raro —dijo Nancy, ignorando por completo el barullo peludo que tenía al lado.

—Y no es el típico mal olor que suele haber cerca del pantano. Es como... un olor fétido adicional y todavía peor.

Miró alrededor y se dio cuenta de otra cosa.

—¡Holi! —dijo un gusano.

No, no era eso. Era otra cosa.

Era la huella gigantesca de una pisada.

—Eh..., pareja... Vale ya de bulla y echadle un vistazo a esto —dijo Nancy.

Ted y Sauce se asomaron a mirar.

—Bualaaa —dijo Sauce—. ¡Pero si es TOCHÍSIMA!

¿Era un pie? ¿Era una pata? ¿Era un hocico? ¿Era una postal de un paisaje nocturno de París? Costaba discernirlo.

—¡Aquí hay otra! —dijo Ted—. ¡Y otra!

Las huellas se extendían más allá del pantano de la desesperación, hacia una parte más profunda de Grimwood donde los animales rara vez se aventuraban. Además, el olor extraño se hacía cada vez más fuerte.

—¡A lo mejor es un MONSTRUO FÉTIDO! —gritó Sauce, que cada vez tenía los ojos más abiertos—. A lo mejor es... ¡EL YETI!

—¡Porras! —dijo Ted, sintiéndose algo tembloroso de repente.

Frank descendió planeando para ver a qué se debía tanto alboroto.

—Ah, seguramente será una comadreja cualquiera que pasaba por aquí —dijo—. Venga, sigamos avanzando.

Nancy agarró a su hermanito mientras emprendía la marcha.

—Arreando —gruñó—. Ya has escuchado a Frank. Vamos a la biblioteca. No pienso quedarme por aquí para toparme con alguna comadreja rarita.

La biblioteca de Brillastaña era un edificio pequeño construido con piedras de todo tipo de tamaños y formas. Frank golpeó con el pico la puerta de roble, que tenía pinta de pesar lo suyo.

Tras un rato, la puerta empezó a abrirse lentamente y con un crujido.

—¡Ayudadmeee! —dijo una vocecita—. La... puerta... pesa... mucho...

Ted miró hacia abajo y vio un topo muy pequeño intentando abrir la puerta.

—¡Ay! Ay, perdona —dijo Ted. Nancy apartó a Ted y abrió la puerta de un empujón, lanzando al topito por los aires.

Frank ayudó al topo a levantarse y le sacudió un poco el polvo.

—Perdona, Arthur —dijo.

Arthur sacudió la cabeza, se recolocó el sombrero, se subió las gafas al hociquito y murmuró algo para sus adentros.

Todo el mundo lo siguió mientras avanzaba unos cuantos pasos y se adentraba en la biblioteca de Brillastaña. Era una sala sorprendentemente grande, con techo alto y totalmente repleta de estanterías. Fijas a las paredes había escaleras de madera para poder llegar a los estantes más altos. Había sillas y mantas por todo el lugar, además de islas con escritorios y muchas lamparitas.

—Buf —dijo Ted. Le encantaba la biblioteca. Era el tipo de lugar ideal para él.

Frank planeó por la enorme estancia para terminar posándose en una viga de madera cerca de su amigo paloma, el doctor Khan, que estaba concentradísimo leyendo un libro.

—Hola, amigo —ululó Frank en voz baja.

—¡Ah! Señor búho —dijo el doctor Khan, que tenía una voz un poco repipi pero también amistosa pero también muy seria—. Estaba aquí leyendo acerca de una exploradora del siglo XVIII que se llamaba doña Margarita Griñones. Una criatura realmente fascinante.

—Doctor Khan —dijo Frank, mientras arrugaba sus descomunales cejas—. Me pregunto si podrías hablar un rato con mi joven amiga zorra, que me acompaña. Últimamente ha estado teniendo sueños desagradables.

DOÑA MARGARITA GRIÑONES

—¿Qué? ¿Quién? ¿Cómo? —dijo el doctor Khan mientras se le caían las gafas—. ¡Oh! Hola, Nancy. Sí, cómo no. Un momento, que encuentre mi maletín.

Los dos pájaros bajaron aleteando hasta Nancy, que se movía nerviosa en círculos frente a la chimenea, mordisqueándose ligeramente las patas a cada rato.

Un tiempo atrás, el doctor Khan había ayudado a Nancy cuando fue *zorrocuestrada* por el podrido de Sebastián Silver. Había sido una proeza morrocotuda.

—Eh, doctor —dijo Nancy, haciendo un gesto con la cabeza en dirección a la paloma.

—Doctor, tiene unas pesadillas muy feas —dijo Ted, que ya estaba impaciente por obtener respuestas—. ¿Verdad, Nance?

—Sí, resumiendo —murmuró Nancy.

—¿Y qué tiene lugar en esos sueños? —preguntó el doctor Khan.

Ted le acercó la libreta con ímpetu.

—¡Aquí tiene! —dijo Ted—. He estado apuntando aquí todo lo que ella podía recordar.

El doctor Khan observó la libreta por encima de sus gafas.

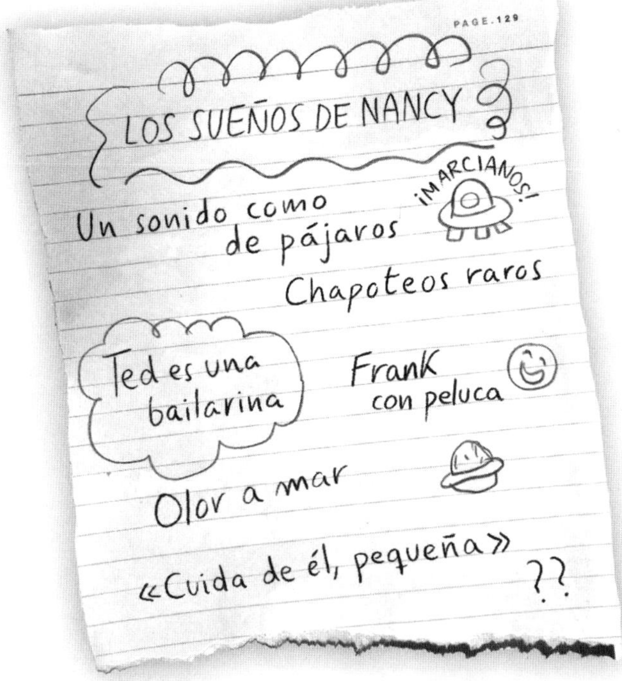

—Un trabajo excelente —dijo con aplomo, y Ted se sonrojó.

—Hummm —dijo el doctor Khan tras unos instantes—. ¿Hay algo en particular que te preocupe en estos momentos?

—*Nah* —dijo Nancy—. Yo diría que no.

—Pues tengo la impresión de que tu cerebro intenta decirte algo —dijo el doctor Khan con amabilidad—. A veces alejamos recuerdos si nos resulta demasiado doloroso pensar en ellos. Pero cuando estamos listos, pueden regresar.

—Vaya —dijo Nancy.

—Puede que algo haya sacudido tu memoria —explicó el doctor Khan—. ¿Se te ocurre qué podría ser? ¿Cosas de tu pasado que hayas estado recordando?

Bueno. Aquello era un preguntón para Nancy. Porque ella y Ted tenían efectivamente un TEMA bastante gordo: qué les había ocurrido a sus padres, y si estaban vivos. Pero... A Nancy no le apetecía hablar de aquello. Al menos no en ese momento.

Así que negó con la cabeza.

—No —dijo—. No hay nada raro en mi pasado.

Sauce miró a Ted y acto seguido puso los ojos en blanco en un gesto clarísimo de «no me lo puedo creer».

—Nancy, ¿qué me dices de las huellas de nuestra madriguera? —dijo Ted.

—¿Huellas? —preguntó el doctor Khan.

—Ah, no es nada —dijo Nancy—. Encontré huellas en la pared de nuestra madriguera. No sé, me hizo pensar en los zorros que vivieron allí antes, nada más...

—Bueno, pues ese misterio es bastante sencillo de resolver —dijo una voz que provenía de la cara de Costri McTavish—. Podemos seguirle el rastro a prácticamente todos los animales que han vivido en estos bosques, ¿sabéis? ¡Tenemos registros en papel! Seguro que podemos averiguar quién vivió en vuestra madriguera.

—Rechulo, ¿no? Estaría muy guay, ¿verdad, Nancy? —dijo Ted.

Nancy se encogió de hombros.

—Sí, supongo —dijo.

—¿Y por qué te han preocupado tanto esas huellas? —preguntó dulcemente el doctor Khan.

La voz de Nancy era más bajita ahora.

—Bueno... Esto va a sonar a una tontería, pero... me hizo pensar que a lo mejor eran de... nuestros padres.

Esperó a que el doctor Khan se riera, pero no lo hizo. Estaba apuntando cosas en su libreta de doctor.

—¿Y dónde se encuentran vuestros padres ahora? —preguntó.

—No lo sabemos —dijo Nancy. Ted hizo un gesto de no saber.

—¿Eran oriundos de Grimwood? —preguntó el doctor Khan.

—No lo sé —dijo Nancy.

—¿Qué edad teníais cuando se marcharon? —siguió preguntando el doctor.

—Pues no sé. Ted era un cachorrito, y yo era un poco más mayor...

El doctor Khan dejó de apuntar y se bajó las gafas.

—Hum. Seguramente no erais lo suficientemente mayores para que os dejaran solos. Nancy, me pregunto si, ahora que estás más relajada y feliz viviendo en Grimwood, no podría ser que el manto que cubría algunos fragmentos peliagudos de tu memoria esté retirándose poco a poco.

—Oh —dijo Nancy.

—No tienes de qué preocuparte —dijo el doctor Khan—. Solo son sueños, no pueden hacerte daño. Pero sigue apuntando lo que ocurre en ellos y quizá tus recuerdos comiencen a regresar.

—Vale —dijo Nancy—. De acuerdo.

—Todo va a ir bien, zorra valiente —dijo, aparentando de repente ser el más amable doctor paloma que jamás haya existido—. Si algo te preocupa, puedes venir siempre que quieras y charlar conmigo.

—Gracias, doctor —gruñó Nancy.

La conversación fue interrumpida de repente por Sauce, que gritó «¡huy, huy!» desde otro extremo de la biblioteca, a lo cual le siguió el estruendoso CATACROC de una enorme estantería derrumbándose.

—¡Sauce! —gritó Ted, corriendo hacia donde estaba su amiga. Desde debajo de una gran pila de libros surgió una pequeña patita.

—¿Una ayudita? —chilló Sauce. Ted le cogió la pata y sacó a la coneja, librándola del peligro. Sauce estaba cubierta de polvo, pero tenía los ojos como platos y le brillaban de emoción.

—¡Mira lo que he encontrado! ¡Estaba en el estante más alto, pero al final he conseguido bajarlo!

En las manos tenía un libro rojo y muy grueso, de tapa dura. La cubierta estaba roída y manchada, pero Ted todavía podía leer las letras doradas del título.

—*Guía de monstruos fantásticos y seres fantasmales* del profesor Cuthbert —leyó—. ¡Toma ya!

Sauce se puso de pie y fue dando saltitos hasta una mesa cercana. Dejó caer el libro, que provocó un gran estruendo.

(—Ah, no os preocupéis por mí —dijo Arthur, el topo bibliotecario—. Ya me encargo yo solito de recoger todos estos libros. Y eso hizo.)

—No veas —dijo Sauce mientras abría el pesado libro—. ¡Mira qué dibujos, Ted! ¡Qué mal rollooo!

Ted dio un respingo.

—¡Está lleno de monstruos!

—Sí, y fíjate, hay diagramas de pisadas y todo eso. ¡Pisadas, Ted!

Sauce empezó a dar saltitos.

—A lo mejor podemos averiguar qué son esas huellas de pisadas tan raras que había fuera —susurró Ted mientras le temblaban un poco los bigotes.

Sauce asintió.

—¡ESO! Vamos a ser... ¡CAZADORES DE MONSTRUOS! —exclamó Sauce jubilosa.

—SHHHHHH —dijo Arthur el bibliotecario, medio tropezándose al pasar cerca de una montaña de libros.

—¡Vamos a ser cazadores de monstruos! —murmuró con la voz fortísima.

—¡Cómo mola! —dijo Ted.

—Tengo que robar este libro —susurró Sauce—. ¡Rápido!, métetelo debajo del jersey.

Ted arrugó las cejas.

—Pero si no llevo jersey —dijo—. Además, no

tienes por qué robarlo, Sauce. Esto es una biblioteca. Puedes cogerlo prestado.

Sauce miró a Ted con ojos suspicaces.

—¿Qué? ¿Crees que puedo... llevármelo? ¿GRATIS? No digas bobadas —chilló.

—¡SHHHHHH! —insistió Arthur el bibliotecario—. Y tu amigo tiene razón. Puedes coger prestado el libro y llevártelo a casa. Solo te hace falta tener un carnet de la biblioteca.

—¡Se me va la cabezaaa! —gritó Sauce.

Pocos minutos después, el grupo estaba fuera de la biblioteca. Sauce estaba presumiendo de su carnet de biblioteca. Era el primer carnet de cualquier tipo que se sacaba, y estaba orgullosísima.

—Me voy a leer todos los libros que tienen ahí dentro —anunció.

—Ja —soltó Nancy—. Sí, claro, lo que tú digas, conejita. Me voy a divertir viendo cómo lo intentas.

Sauce entrecerró los ojos.

—Todos. Los. Libros. ¡Y el primero va a ser este!

Sauce estaba intentando equilibrar la *Guía de*

monstruos fantásticos y seres fantasmales sobre su cabeza con gran cuidado.

—Bueno, al menos alguien ha sacado algo en claro de este sitio —bufó Nancy. Se sentía un poco tonta.

—Ay, hermana —dijo Ted con dulzura—. El doctor Khan ha dicho que no te preocupes de nada, ¿verdad?

Nancy dio unas pataditas a la hierba.

—Psé, supongo —dijo.

—A mí me ha parecido todo muy interesante, la verdad —dijo Ted, cambiando a una forma de hablar muy de zorro más mayor—. A lo mejor, cuanto más te relajes, ¡más claros serán tus sueños! Puede que te acuerdes de más cosas. Como una foto borrosa que se va haciendo más nítida cuando la miras mucho rato.

—Vale, vale, para un poco el carro, doctor Ted —gruñó Nancy, antes de poner el punto de mira en una seta gorda y blandurria y reventarla de un patadón.

—¿Estás tonta? ¡Eso era un Lucero Cósmico de primera categoría! —gritó Sauce.

A Ted le brotó una risita.

—Con tanto palique me ha entrado hambre —dijo Nancy.

—Propongo volver a casa, comer todo lo que tengamos, y luego tumbarnos y no hacer nada durante un rato —dijo Ted.

—Me suena guay —dijo Nancy asintiendo.

Y emprendieron la vuelta hasta su madriguera.

PLATE XI
Enlace
Reciba esta cordial
invitación para asistir
a la celebración
del matrimonio de
ROMEO COLES DE BRUSELAS
y
JULIETA FELICIA DIVINA
(Rogamos acuda con su
propio casco antichoques)

CAPÍTULO 4
La boda

El día siguiente iba a tener lugar la gran boda de las ardillas, y a la gente se le estaba YENDO LA PELOTA de la emoción. Todo Grimwood estaba en ebullición. Bueno, casi. Algunos lugares, como la caravana de Titus, estaban sospechosamente en silencio.

Rulos, el tejón, estaba llamando a la puerta con los nudillos.

—¡Titus! —gritó—. ¡A despertarseee! ¡Es ya media tarde y hay que ir preparándose para el gran acontecimiento, colega!

Rulos acercó la oreja a la puerta. Oyó bufidos y algo que se movía.

Titus abrió por fin la puerta, con batín y pantuflas mullidas. Tenía rulos de peluquería en los cuernos y se estaba quitando de los ojos dos rodajas de pepino.

—Anda, si eres Rulos —suspiró—. Lo siento mucho, debo haberme quedado dormido de nuevo. Me pasa siempre que hago una sesión de *spa*.

—Ni te preocupes —dijo Rulos ajustándose la chaqueta y la corbata—. ¡Está todo el mundo A TOPE de emoción! ¡Una novia de Brillastaña y un novio de Grimwood!

Treinta segundos más tarde, Titus salió trabajosamente de la caravana con un sombrero de copa en equilibrio entre sus cuernos. Él y Rulos llevaron la grandiosa tarta de boda hasta el Jeep.

Y entonces se oyó un sonido extraño.

—¡MPFGPNNG!

—¿Qué ha sido eso? —preguntó Titus estirando el cuello para examinar la tarta.

—Yo no he sido, colega —dijo Rulos—. Cuidado... Venga, la bajamos un poco... Perfecto.

De repente volvió a oírse el sonido extraño.

—¡MPFGPNNG!

—Es eso, ¿lo has oído? —dijo Titus frunciendo el ceño.

Rulos asintió.

—Es muy peculiar.

Los dos amigos miraron tras ellos. Allí no había nadie. Rulos escudriñó bajo el Jeep. Allí tampoco había nadie. Titus se levantó el sombrero de copa. Allí tampoco había nadie.

Rulos se encogió de hombros y los dos amigos entraron en el coche. La tarta nupcial estaba tras ellos, en la parte de atrás de la camioneta.

—¡MGGGFNNNFFGG! ¡NNNMMMMMMFFFGG! —dijo la tarta de boda.

Lo cual era muy raro, porque las tartas de boda no hablan.

En medio de Grimwood había un claro que solía usarse para partidos de arbolplof o para actuaciones de la compañía teatral de Grimwood, un grupo de teatro dirigido por Ingrid. Aquel día el espacio se empleaba para la boda. Había filas de bancos hechos con troncos y unos castores con monos de trabajo estaban construyendo un pequeño escenario.

Una pata con un portapapeles iba corriendo por todas partes con pinta de estar estresadísima. Se llamaba Tamara, y era la asistente de Ingrid.

—¿Dónde están las velas en jarritas? —parpeó al teléfono—. ¡Necesito velas en jarritas! ¡Necesito flores! ¿Dónde está el bufé? ¿Dónde está la DJ de la fiesta? ¡AAAAAARGH!

Mientras tanto, Anusca Liviana, una liebre preciosa de Brillastaña, afinaba su arpa. En Brillastaña (y ahora en Grimwood también) era conocida por ser una estrella del pop, un icono de la moda y la autora de un libro: *¡Ni te estreses! Tan solo sé guapa, como yo*. Había escrito una canción especialmente para la ocasión. Un coro de ratones vestidos con túnicas blancas estaban calentando la voz.

Una túnica es como
un abrigo largo, ¿sabes?
¡Aleluya!

—Eh, mis nenes peludos, sois, *oseadeverdad*, superadorables —dijo Anusca con su voz delicada y hermosa como una flor silvestre—. Pero, o sea, a ver si podéis no pifiar la canción esta vez, caris. Que sois un poquito mantas cantando y tal. Ja, ja, ja, ja, ¡perdón! Ay, chiquis, ya sabéis que os adoro.

—¡Claro, Anusca! —dijeron los ratones a coro.

Ingrid estaba posada sobre un gran cojín de terciopelo. Llevaba su turbante más grandioso.

—Espero no atraer más miradas que la novia —dijo—. Eso sería *horrible*. ¡Carlos, querido! Dime, y debes serme totalmente sincero, ¿no será que hoy estoy sencillamente demasiado hermosa como para aparecer en público?

Don Carlos Borrascosio, que había estado hasta entonces esparciendo pétalos de rosa, se detuvo para contemplar a su esposa.

—Querida mía —dijo—, ¡eres una reina divina y plumosa! La novia se estremecerá de envidia.

Ingrid asintió con mucha satisfacción y procedió a ponerse más sombra de ojos.

De repente, el cielo se oscureció.

Un grito fortísimo llenó el aire.

¡ARBOOOOOLPLOOOOOOF!

¡ABRAN PASO AL NOVIO!

Romeo, que era en efecto el novio, llegó arbolplofeando hasta el claro, seguido por una docena de ardillas. Todas aterrizaron con estruendo sobre el pequeño escenario.

—¡Esta ha sido tu última sesión de arbolplof como ardilla soltera, Romeo! ¿Estás nervioso? —gritó una de las ardillas mientras levantaba la patita en el aire.

Romeo se puso en pie y se sacudió el polvo de su traje de boda.

—Jolines —dijo—. Qué ganas tengo ya de casarme, tío. ¡Julieta es la ardilla de mi vida! Lo supe en cuanto vi cómo se escondía nueces en los carrillos. ¡ESTOY ENAMOWRADOOOW!

Y se echó un bailecito de alegría.

—Puaj —dijo Nancy, y fingió que le daban arcadas.

—¡El amor verdadero es MARAVILLOSO! —dijo Ted, derritiéndose.

—Yo creo que es una borregada y un aburrimiento —dijo Sauce, y le hizo una pedorreta a Romeo sin razón lógica.

Al poco rato, todos los bancos estaban llenos. Titus y Rulos habían llegado y colocado la gran tarta nupcial en el centro de una larga mesa, que estaba a rebosar de montañas de comida deliciosa.

—Mmm, luego habrá que DARLE DURO AL BUFÉ —dijo Sauce mientras se le caía la baba mirando las viandas.

Ted saludó a algunos de sus amigos de Brillastaña, que estaban tomando asiento. Pudo ver al doctor Khan, a Costri McTavish, a Mo, y a Reena, quien, como Nancy, era una jugadora estelar de arbolplof.

—¡Huy, es todo muy elegante! —dijo Ted, sonriendo de oreja a oreja mientras miraba a todas partes. Y tenía razón. El claro estaba precioso de verdad, lleno de velas, flores y lazos. Era el lugar perfecto para una boda tranquila y romántica.

Ingrid ocupó su lugar en el pequeño escenario, enfrente de Romeo. Le hizo un gesto a Anusca Liviana para que empezara a tocar el arpa.

Julieta, la novia ardilla, estaba de pie bajo un arco de ramitas y rosas. Atravesó despacio el pasillo con su largo vestido blanco. La cola del vestido resplandecía.

—¡Ay! —chilló Ted.

—Es preciosa —dijo Sauce sollozando, y luego se sonó los mocos en la bufanda de Ted.

El sol se estaba poniendo, y las velas centelleaban dentro de las jarritas como pequeñas luciérnagas.

Anusca empezó a cantar.

Cuando dos ardillas se encuentran
Mueven las patitas
Sacuden la naricilla
Porque notan que ya les brota
¡Todo el AMOR DE
ARDILLAAA!

El coro se unió al cántico:

¡Viva el amor de ardilla!
¡De ardilla es este amor!
Si no es correcto sentir todo esto
Prefiero que me metan en un cesto
Me encanta tu peluda cola
Quédate aquí conmigo, a tu bola
Amor de ardilla yo sentí
Amor de ardilla, sí, sí...

Julieta y Romeo se cogieron de las patitas y se miraron a los ojos con mucho amor.

—Te quiero mucho, mi dulce bollito calentito —dijo Romeo.

—Yo también te quiero, mi delicioso cariñito —dijo Julieta.

Nancy volvió a poner la cara de voy a vomitar.

Ingrid se ahuecó las plumas y se puso de pie sobre su importante cojín de terciopelo.

—¡CUAC! Que todo el mundo me mire.

Todo el mundo miró a Ingrid.

—Si no me conocéis, pues soy Ingrid. Sí, sé lo que estáis pensando. Estáis pensando que estáis seguros de haber visto antes esta bella cara en alguna parte...

Nancy hizo un sonido de disgusto.

—Pues sí, soy la pata estrella de cine de la que tanto habéis oído hablar. No, no firmo autógrafos ni me hago selfis con vosotros. Mi esposo se encargará luego de repartir fotos firmadas. Pero ahora mismo querría hablaros de los inicios de mi carrera, cuando no era más que una patita con grandes sueños que...

Frank miró al cielo como diciendo «dame paciencia».

—Ingrid —susurró—, estás aquí para oficiar una boda, no para contarnos tu vida.

—¡CUAAAC! ¡Eso ya lo sé!

Ingrid se ajustó el turbante con diamante y volvió a empezar.

—Estamos aquí hoy reunidos para unir a dos ardillas... y a dos villas. Como sabemos, Grimwood y Brillastaña son lugares muy distintos. Criaturas de Brillastaña, sois inteligentes, vosotras tenéis buen porte y oléis de maravilla. Criaturas de Grimwood, nosotras somos... eh...

—¡Superdíver y geniales! —gritó Sauce.

—¡Entusiastas! —aportó Titus.

—Rarunas —gruñó Nancy.

—Sí, sí, todo eso y más —dijo Ingrid—. EN FIN. También somos vecinos. Y todo el mundo necesita tener buenos vecinos, ¿verdad que sí?

Julieta la ardilla tosió de forma educada.

—¡CUAAAC! ¿A ti qué te pasa? ¡Estaba a mitad de discurso! —se quejó Ingrid.

—Disculpa, Ingrid —dijo Julieta balbuceando—. ¿Cuándo empezarás la parte en la que nos casamos?

—Ah, sí —dijo Ingrid mientras revolvía algunos de sus papeles—. A ver, déjame ver... amor eterno, bla, bla, bla... unión de dos ardillas, nosequé y nosecuantos... Vale, aquí está la parte buena.

Ingrid se volvió para dirigirse a los asistentes.

—Si alguno de vosotros conoce alguna razón por la que estas dos ardillas no deban casarse, ¡que hable ahora! —gritó— o baile para siempre.

La multitud quedó en silencio.

¡Prrrr!

Bueno, casi en silencio.

—Lo siento mucho —dijo Titus—. Se me ha escapado un pedo.

Ingrid suspiró y volvió a dirigirse a las ardillas.

—Julieta Felicia Divina, ¿quieres a Romeo Coles de Bruselas como tu legítimo esposo?

—¡¡¡Sí, quiero!!! —chilló Julieta.

—Y tú, Romeo Coles de Bruselas, ¿quieres a Julieta Felicia Divina como tu legítima esposa?

—¡Quiero, quiero! —exclamó Romeo.

—Bien —dijo Ingrid—. Pues ya está hecho.

La multitud se puso a lanzar vítores.

El coro comenzó a cantar.

Romeo y Julieta se miraron a los ojos con ternura.

—Este día ha sido PERFECTO —dijo Romeo.

—Sí que lo ha sido. ¡Hurra, hurra, hurra, hu! —dijo Julieta.

Y se besaron.

Y luego, un águila gigantesca bajó volando y se los comió.

CAPÍTULO 5

De fiesta

De Romeo y Julieta no quedó nada, aparte de un sombrero de copa y de un pequeño ramo de flores, que la primera dama de Julieta, Keeley, se apresuró a barrer.

Titus se desplazó pesadamente y se orientó hacia los asistentes.

—Eh... Uhm... Bueno, hola a todo el mundo. Vaya... accidente tan... euh... terrible. Habrá quien no lo sepa, así que os explico que esa es Pamela. ¡Tiene un poco de carácter, como podéis ver, ja, ja, ja! Pero la queremos muchísimo.

Los asistentes guardaban silencio.

—¡Bueno! —dijo Titus, manoseando nervioso su sombrero de copa—. La novia y el novio, o mejor dicho, los malogrados novia y novio me habían pedido que diera un pequeño discurso. ¡Romeo me había contado anécdotas sobre las bromas pesadas a las que se dedicaba en los viajes de arbolplof que hacéis! ¡Lance, te estoy mirando a ti, ja, ja!

No se reía nadie. Titus se mordió el hocico. No estaba seguro de qué decir. Echó una mirada rápida a Rulos, que le hizo la señal de pulgares arriba y fingió comer algo. Sauce se subió a un tronco e hizo un bailecito. Frank levantó las cejas y se encogió de hombros.

—Pues bien, dadas las trágicas circunstancias —continuó Titus—, y, eh, como homenaje a la preciosa y, euh, fallecida pareja... ¿nos comemos la comida y bailamos igualmente?

La multitud estalló en júbilo.

—¡Buf! —exclamó Titus. Se bajó del escenario, metió el morro en el sobaco de Rulos y lloró un poquito.

—Buen trabajo, Titus —dijo Frank—. No ha debido ser sencillo dar ese discurso.

Costri McTavish se acercó rodando.

—Titus, me hubiera gustado saber, aunque hubiera sido un pequeño aviso, que aquí tenéis un águila asesina —dijo.

—No sabes CÓMO lo siento, Costri —dijo Titus sollozando—. Normalmente le ponemos un bozal a Pamela antes de las grandes ocasiones, pero me temo que esta vez se nos fue de la cabeza por completo.

Costri miró a los invitados que tenía a su alrededor.

—Supongo que tienes razón —dijo con un suspiro—. No tiene sentido desperdiciar toda esta comida, ¿verdad que no? Es mejor que convirtamos esto en una celebración de sus pequeñas y ardillosas vidas. ¡Brindemos por Romeo y Julieta! ¡Nadie sabía que sus destinos estaban condenados!

—¡Imbéciles! —chilló Ingrid—. En la obra de teatro, Romeo y Julieta la palman al final. Y yo ya os AVISÉ. ¿Pero alguien hizo caso a Ingrid? No, nadie lo hizo.

Cerró de golpe su espejito y se marchó furiosa, balanceándose de un lado a otro.

Un par de patas de pato sobresalían por debajo de un arbusto.

Ted tiró de ellas con delicadeza y sacó de allí a Tamara, que parecía haber tenido un pequeño ataque de nervios.

—¡La pájara! —farfulló Tamara—. ¡Ha aparecido de la nada!

Ted le acarició la cabeza.

—No podrías haber hecho nada, Tamara —dijo—. No te sientas mal. ¿Sabes por casualidad por dónde para la DJ? Creo que nos vendría bien un poco de música.

Los ojos de Tamara se abrieron como platos.

—¡La DJ! ¡Hace horas que no sabemos nada de la DJ!

Ted se rascó la nariz y pensó un poco.

—¿La DJ es Sharon, la graja fiestera? —preguntó.

Tamara asintió y se arrastró lentamente de nuevo hasta el interior del arbusto.

Teniendo en cuenta todo lo que había pasado, el resto de las ardillas estaban bastante relajadas.

—¿No estáis preocupadas, entonces? —preguntó Sauce—. Porque acaban de merendarse a vuestras compis.

—Es un riesgo que corremos a diario —respondió Ginger Fiasco, tras lo cual se encogió de hombros y se metió de cabeza en un bol de ganchotes de queso—. Siempre es peligroso ser una ardilla, al final acabas sufriendo las consecuencias. Además, ahora Pamela ya ha cenado.

Sauce le chocó el puño a Ginger.

—Mis respetos, tía —dijo.

La gigantesca tarta de boda seguía en el centro de la mesa.

—¡Buá! —dijo Ted—. Una tarta de cinco pisos. ¡Titus, esto es increíble!

Titus se rio con vergüencita.

—Sí, supongo que ha quedado bastante bien.

Se oyó un sonido peculiar.

—¡MFFFFFFFFF!

—¿Y eso qué ha sido? —preguntó Nancy.

—Puede que sea... ¡EL MONSTRUO FÉTIDO! —gritó Sauce, y a continuación dio un hachazo de karate con la patita.

—Titus, ¿podemos cortar la tarta? —preguntó Ted.

—Pues me gustaría hacerle una foto antes —dijo Titus—. Rulos ha ido a por la cámara.

La tarta se movió.

—¡Aaay! —gritó Ted, tras lo cual saltó al regazo de Sauce—. ¡Es la tarta de boda! ¡Está maldita!

La tarta empezó a temblar y a dar sacudidas. El glaseado exterior comenzó a resquebrajarse.

—¡Noooooo! —exclamó Titus—. ¿Pero qué está pasando?

De repente, la tarta EXPLOTÓ.

Por todas partes salió volando cobertura glaseada, crema pastelera, mermelada y bizcocho.

—¡YEEEPA! ¡YEEEPA!

Era Sharon, la graja fiestera.

—¡YEEEPA! ¡LLEVO VARIAS HORAS ATRAPADA DENTRO DE LA TARTA! —cacareó—. ¡NO OS VOY A MENTIR, AHÍ DENTRO HACÍA BASTANTE CALORCETE! ¡YEEEEEEPA! ¡¡¡QUE EMPIECE LA FIESTA!!!

Titus sollozaba en silencio cerca de los restos de su creación mientras Sharon acababa de salir de la tarta comiendo pedazos para liberarse, tras lo cual se acercó dando saltitos hasta su carrito de la compra discoteca, el cual estaba convenientemente aparcado allí al lado. Se puso los auriculares y le metió caña al volumen.

—¡WUP, WUUUP! ¡DJ SHARON AQUÍ PRESENTE!

—¡Por fin empieza el baile! —chilló Sauce, y junto con sus 463 hermanos y hermanas, invadieron la pista de baile (que era un claro con hierba y

Ay, yo cuando era joven iba a una discoteca que se llamaba **Patuncias.** Allí iban todos los insectos molones. **Estaba muy oscuro.** Y el suelo estaba muy pegajoso. Ahora que lo pienso, estábamos debajo de una nevera.

unas cuantas piñas de pino repartidas por allí; a ver si os habéis pensado que esto es un club nocturno).

—Ingrid, queriiida —dijo don Carlos Borrascosio—. En nuestra boda no tuvimos oportunidad de disfrutar del primer baile. ¿Harías de mí el pato más orgulloso del planeta Tierra y bailarías conmigo ahora?

—Uuurgh —dijo Ingrid con cara de agobio—. De acuerdo.

Permitió que don Carlos la condujera hasta la pista de baile, tras lo cual ejecutaron juntos una intensa coreografía de baile. En cierto momento, don Carlos giró sobre su espalda y lanzó a Ingrid

por el aire usando sus patas de pato. Todos hicieron un círculo a su alrededor, animando y aplaudiendo hasta que terminaron.

—¡Ha sido espectacular! —gritó Rulos.

—Sí, llevan meses practicando —comentó Nancy.

Y entonces olisqueó el aire, porque... aquel olor extraño había regresado. Era el que había olido en los alrededores del pantano de la desesperación. El que había cerca de las huellas.

—Rulos, ¿tú hueles eso? —dijo.

Rulos levantó al aire su nariz de tejón y olisqueó.

—No huelo nada fuera de lo común. ¿Qué se supone que debería oler? —dijo.

Nancy se dio la vuelta y observó la mesa del bufé.

—¡Mecachis! —exclamó.

La mesa estaba patas para arriba. Los platos, las servilletas y la comida estaban desparramados por todas partes. El mantel estaba hecho jirones. Algo, o alguien, había destrozado aquel lugar.

—¡Ay, no! —dijo Rulos—. ¡Los emparedados! ¡Las salsas! ¡Los bollos! ¡Los ganchotes de queso!

—Ha esperado el momento en que nadie miraba —gruñó Nancy—. Nos ha estado observando todo este tiempo.

Todo el mundo se había dado cuenta ya del estropicio.

—¡Primero mi gloriosa tarta, y ahora esto! —lloró Titus—. ¡Ah, qué desesperación, de verdad!

—¡Grimwood, *oseadeverdad*, me sabe mal decirlo y eso, pero vuestras fiestas son un bajón que no veas, os lo prometo, ¿eh?! —resopló Anusca Liviana.

Cogió su arpa y se marchó hecha una furia. Bastantes habitantes de Brillastaña se marcharon con ella.

Sauce sacó una lupa de la mochila de Ted y se puso una luz roja y azul en la cabeza.

—¿Qué haces ahora, coneja? —gruñó Nancy.

—¡Soy Sauce, la detective privada y supercañera CAZADORA DE MONSTRUOS! —dijo Sauce, tras lo cual comenzó a examinar las inmediaciones de la mesa de bufé, diciendo cosas como: «Hum, ¡interesante!» y «¡Ajá! Me lo imaginaba».

Miró hacia arriba.

—¿Dónde está mi ayudante? ¡Ted! Me refiero a ti.

Ted saltó desde detrás de un tronco, donde se había estado zampando unos cuantos hojaldres de salchicha que habían quedado por ahí tirados.

—Aguántame la linterna —indicó Sauce.

Ted hizo lo que le pedía. Sauce levantó un trozo de mantel que estaba muy manchado de negro.

—Hala —dijo Ted—. ¡Es otra huella! ¡Es idéntica a las que vimos cerca del pantano!

Sauce asintió, sintiéndose muy satisfecha de sí misma.

—Volvamos a la madriguera y busquémosla en el libro —dijo Sauce—. Así sabremos EXACTAMENTE el tipo de monstruo que tenemos aquí.

—¿U... Un... m... monstruo? —dijo Rulos—. ¿Habéis dicho monstruo?

—Los monstruos no existen, Rulos —dijo Nancy—. Este par de cabezas de chorlito están haciendo el idiota. Para variar.

Pero no había forma de negarlo. La huella era grande. Muy grande. Y lo que fuera que había hecho el estropicio en el bufé seguramente tenía muchísima hambre...

Huy, huy, huy, **¡qué miedito!** No sé si voy a poder seguir con esto, a no ser que... ¿Me coges de la patita, por favor? No, esa no, la otra. No, esa no, la otra. No, perdona, esa no, la otra...

CAPÍTULO 6
Gritos

—Meteos en el Jeep —dijo Rulos—. Si está pasando algo raro, no quiero que os acabe afectando a vosotros.

Titus, Nancy, Ted y Sauce se subieron al viejo Jeep de Rulos, y al poco rato iba rugiendo y dando botes por el bosque. Sauce iba escudriñando entre los árboles con sus prismáticos.

—¿Y si de verdad hay un monstruo, Nance? —susurró Ted mientras miraba a su hermana.

Nancy no supo qué decir.

—Puede que sí lo haya —chilló Sauce—. Así

que lo atraparemos, se lo entregaremos a la policía de monstruos ¡y nos pagarán una millonada! ¡Y seguro que saldremos en la tele y todo!

—Anda, qué emocionante —dijo Ted, aunque su voz no sonaba nada emocionada.

Sauce bajó los prismáticos y lo miró con el ceño fruncido.

—¿Es que no quieres ser cazador de monstruos? —le espetó.

—Eh... ¿sí, claro? —dijo Ted encogiéndose de hombros—. Lo que pasa es que no quiero que me coman.

Titus estaba sentado delante, al lado de Rulos, gritando de miedo cada vez que veían una rama o un bichito volando.

—¡Deja de gritar, colega! —exclamó Rulos—. ¡Me estás desconcentrando y así no puedo conducir!

Titus se agarró a la manilla de la puerta.

—Perdona —dijo—. ¡Es que las luces hacen que todo dé mucho miedo! La imaginación se me va de las manos. ¡AAAY!

Era Frank, que estaba planeando por encima de ellos, y las luces del Jeep se reflejaban en sus ojos brillantes.

—Soy yo, jefe —exclamó Frank—. Estoy por aquí ojo avizor. La costa está despejada. No hay monstruos, solo hay montones de conejos regresando en dirección a Villaconeji.

Sauce puso cara de circunstancias.

—Mamá me va a matar si se da cuenta de que no estoy allí —dijo—. ¡Frank! ¿Puedes ir a Villaconeji y decirle a mi hermano Orlando que saque la muñeca falsa de Sauce, por favor? Él ya entenderá.

—¿Quién de todos es Orlando? —preguntó Frank.

—El gris —dijo Sauce, lo cual no ayudó absolutamente en nada, y Frank se marchó flotando por el aire en dirección a Villaconeji.

Sauce dirigió su atención a la carretera que se abría ante a ella.

—¡Dale más gas, Rulos! —chilló—. ¡Tenemos que llegar a la madriguera rapidito para consultar nuestro libro de cazadores de monstruos!

Rulos pisó el acelerador hasta el fondo. No le hacía gracia estar por ahí dando vueltas mientras una bestia misteriosa andaba suelta.

Justo en aquel momento, un abejorro que se llamaba Felipe apareció en el parabrisas.

—¡Hola! —dijo zumbando—. ¿Qué hacéis?

—¡Aaay! —gritó Rulos, y accidentalmente metió las ruedas del Jeep en una pequeña zanja.

—¡Perdonad, solamente estaba saludandooo! —dijo Felipe con un zumbido, y se marchó volando. Era así de molesto, el chaval.

Las ruedas del Jeep seguían girando, pero el coche estaba totalmente parado. Rulos apagó el motor.

—Bueno, amigos... ¿está bien todo el mundo?

Se oyeron gruñidos y quejidos.

Las ruedas de atrás del Jeep estaban en el aire, y el morro estaba metido a base de bien en una montaña de tierra. Sauce, Nancy y Ted dieron un salto y salieron por la parte de atrás. Luego ayudaron a Titus y a Rulos a salir de la parte de delante.

—¿Quién tiene una linterna? —ladró Nancy.

Ted sacó una de la mochila y la sacudió.

—Le queda poca batería, pero es lo que hay —dijo con la vocecita temblorosa. Estaba oscuro. Los árboles parecían más grandes de lo normal, y las ramas se cernían sobre ellos como enormes patas de araña.

—¿Dónde estamos, Rulos? —preguntó Nancy—. Yo no logro reconocerlo.

—Estamos en el gran Más Allá —dijo Titus con tono misterioso.

—¿Y eso qué es? —preguntó Ted, que empezaba a preocuparse un poco.

—Ah, solo quiere decir que hemos venido a la parte más al fondo —dijo Titus—. Hemos pasado el pantano, dejado Villaconeji atrás, estamos muy lejos de mi caravana y la torre mágica está allí, en la otra punta.

Nancy frunció el ceño. Ella y Ted llevaban ya una buena temporada en Grimwood, pero a veces seguía pareciéndoles un verdadero laberinto.

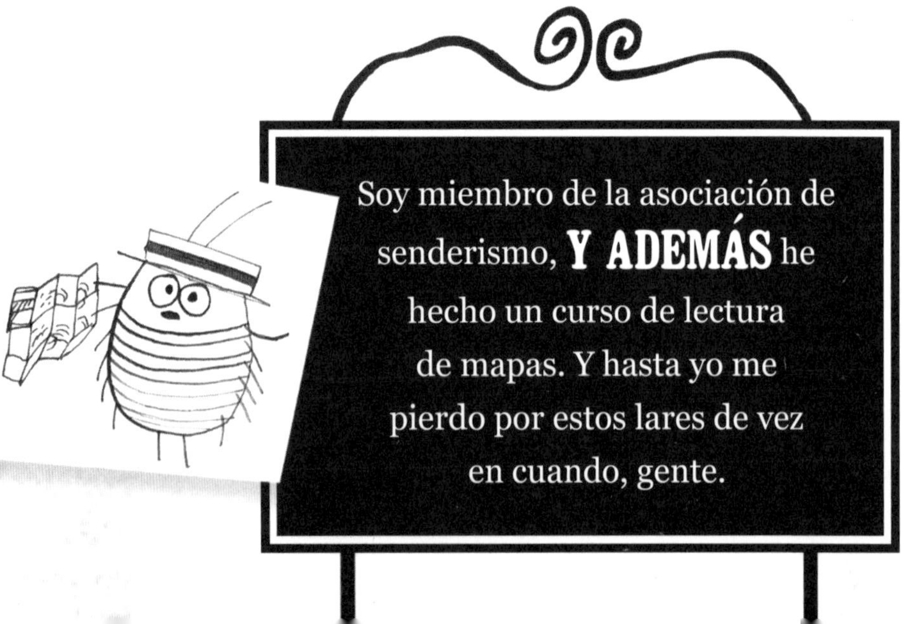

En aquella ocasión, el olor llegó a la nariz de todo el mundo, y no solo a la de Nancy.

—Vaya, qué aroma tan fragante —dijo Rulos, tapándose la nariz con la corbata—. Sauce, ¿has vuelto a comer Luceros Cósmicos?

—¡NO! —chilló Sauce—. ¿Podéis parar todos de acusarme de tirarme bombas fétidas, por favor?

—Nance, es el mismo olor —dijo Ted, con las orejas gachas y preocupadísimo—. Es el mismo de cuando estábamos yendo a la biblioteca.

—Venga ya —dijo Nancy—. Nos vamos a topar con un tejón que huele mal y ya está. No hay monstruo que valga.

Se acercaron cautelosos hacia el pestazo, que era muy espeso y asqueroso.

—Que nadie se aleje —dijo Titus, que estaba haciendo un esfuerzo enorme para ser valiente, ya que era, por varios centenares de años, el mayor del grupo.

Ted levantó la mirada hacia Titus y le dio un apretón a la pezuña.

—No te preocupes, Titus —dijo con una sonrisita—. No vamos a dejarte solo.

Pasaron trabajosamente por encima de unos troncos caídos y se arrastraron por entre unos matorrales pinchosos.

—¡Veo algo! —susurró Nancy—. ¡Seguid ocultos!

Había una sombra grande y oscura frente a ellos. De ella salían rizos de humo que se elevaban lentamente.

—¡Es un dragón! —chilló Sauce—. ¡Ted, enfócalo con la linterna!

Ted apuntó la linterna a la sombra... y vieron un centenar de neumáticos viejos amontonados de cualquier manera en una pila. Parecía que había estado ardiendo y que las llamas se habían extinguido hacía poco.

—Bah, deben ser los pesados de los *hunanos* que vienen aquí a tirar toda su basura —dijo Sauce, que estaba muy decepcionada de que aquello no fuera un dragón.

Nancy olisqueó el aire.

—Caucho quemado —dijo—. Lo olía a menudo en la gran ciudad. No me extraña que me resultara familiar.

—Bueno, pues mira qué alivio —dijo Titus—. ¡Venga! ¿Quién se viene a casa a comer bollos de crema?

—¡Pero hay *algo* que va por ahí suelto! —chilló Sauce—. Y lo que ha dejado unas huellas enormes y ha arramblado con la comida en la boda no era ningún montón de neumáticos viejos, ¿a que no?

—Ah, me imagino que no —dijo Titus un poco decepcionado—. Pero es que me gustaría volver a casa. Ha sido un día muy largo. ¡Pamela se ha zampado a los novios, por lo más sagrado!

Mientras tanto, Ted indagaba con la linterna junto al montón de neumáticos. Estaba inspeccionando con atención toda aquella cantidad de caucho, cuando de repente la luz de la linterna se reflejó en algo brillante.

Desde el interior de los neumáticos un par de ojos como rescoldos lo observaban fijamente.

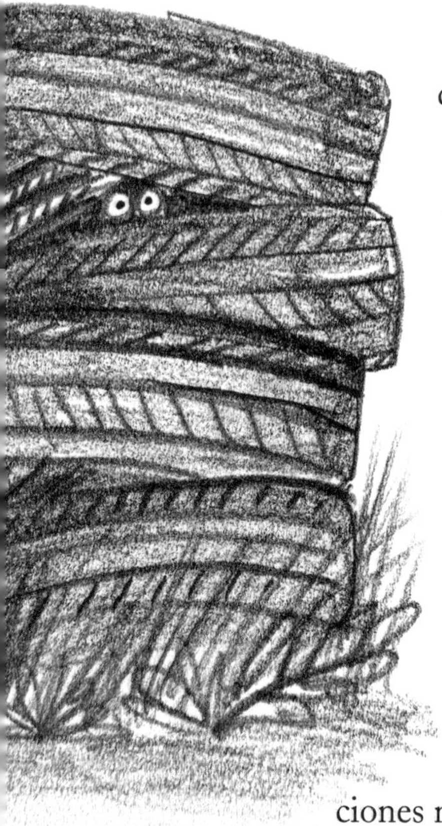

Ted dio un respingo. Se quedó en el sitio, petrificado.

—¿Qué pasa, hermano? —preguntó Nancy arrugando las cejas—. Se diría que has visto un fantasma.

Entonces, la enorme pila de neumáticos comenzó a inclinarse.

—¡CORRED! —gritó Nancy.

Todo el mundo salió por patas en todas direcciones mientras aquellos neumáticos tan enormes se venían abajo. Eran muy pesados, rebotaban por todos lados y aplastaban cualquier cosa sobre la que caían. Sauce se tropezó y se quedó totalmente espatarrada.

—¡Ay, recastañas! —chilló.

Nancy se giró rápidamente, corrió volviendo sobre sus pasos y le dio un empujón a Sauce para evitar que una rueda enorme que rodaba hacia ella la aplastara.

—¡Nance! —gritó Ted.

Fue lo último que oyó antes de que todo se oscureciera.

CAPÍTULO 7

Reunión

Nancy abrió los ojos. Frente a su cara había dos agujeros negros, enormes y peludos.

—Hola, Titus —balbuceó.

Los agujeros negros peludos, en efecto, eran las aletas de la nariz de Titus.

—Buf —dijo, pasándose una pezuña por la ceja—. ¡Menudo susto nos has dado, Nancy! Ese neumático te ha dado un golpe tremendo.

—Au —dijo Nancy mientras se palpaba la cabeza.

—Les he dicho que no te habría pasado nada —dijo Ted, que estaba cerca de ella comiendo unas uvas—. Les he contado que en la gran ciudad siempre estabas metiéndote en bullas y peleas, ¿a que sí, hermanita?

—¿Cómo está la coneja? —gruñó.

—Está bien —dijo Ted—. La hemos llevado de vuelta a Villaconeji. ¡Le has salvado la vida, Nance!

Nancy se incorporó sobre sus codos y miró por fuera de la ventana de la caravana, inmersa en sus pensamientos. Era una mañana luminosa y fresca, pero ella estaba intentando conectar las piezas de lo que había ocurrido la noche anterior.

—Algo hizo que se derrumbaran los neumáticos, Nance —dijo Ted—. Te juro que vi a alguien mirarme desde dentro de ellos.

—Creo que deberíamos alertar a todo el mundo de que hay algo extraño deambulando por Grimwood —dijo Nancy.

—Sin duda alguna —replicó Titus—. Frank se ha ido a la torre mágica a decirle a Pamela que esta mañana tendremos que celebrar una reunión de emergencia. Va a anunciarlo en su programa de radio.

—Ah, perfecto, contamos con el pájaro gigante asesino. Todo el mundo le hará caso, estoy segura —dijo con sorna Nancy. Se sirvió una taza de café y se la tomó de un trago.

La otra afición que tenía Pamela, además de comer mamíferos, era presentar un programa de radio de llamadas telefónicas en Radio Grimwood. De hecho, era el único programa de radio en Radio Grimwood porque, eh, Radio Grimwood la había creado ella. De vez en cuando permitía a Sharon la graja fiestera que presentara el programa con ella.

Frank descendió volando hasta el nido y encontró un lugar donde posarse suavemente.

—¿Qué? —chilló Pamela.

Frank sacudió la cabeza despacio en dirección hacia ella.

—Pero, Pamela —le espetó—, ¿cómo se te ocurre? ¡Era el día de su boda!

Pamela se encogió de hombros.

—¡Las aves tenemos que comer! —dijo—. Al menos su matrimonio fue feliz.

—¡Un matrimonio que solo duró cero coma tres segundos, Pamela! —dijo Frank.

—Lo que digo, que fue feliz —dijo Pamela—. ¿Has visto algún alienígena últimamente?

—¿Qué? ¡No! Escucha, tengo que pedirte que hagas un anuncio en tu programa de radio. Titus quiere celebrar una reunión de emergencia. Será esta tarde, fuera de su caravana.

Pamela asintió.

—Me parece bien —chilló—. Lo puedo encajar tras el debate sobre manicura de perezosos.

—Genial, gracias —dijo Frank, y desplegó sus alas para marcharse—. Ah, Pamela, ¿podrías por favor ponerte el bozal cuando asistas? Van a acudir algunos amigos de Romeo y los sentimientos aún están un poco a flor de piel.

Pamela hizo un saludo militar llevándose el ala a la ceja.

> La cosa es que, en el mundo animal, todo el mundo se come a todo el mundo todo el rato, ¿sabéis? No es cuestión de armar un escándalo al respecto.
> Yo soy chocolatariano, por si sirve de algo. Chocolate con leche, no chocolate blanco. No soy ningún animal.

Un poco más tarde aquel mismo día, Titus abrió la puerta de su caravana para encontrarse con una multitud de residentes de Grimwood. Se subió a un tocón de árbol al tiempo que Ted, Nancy y Rulos se colocaban en los escalones de la caravana. Nancy tenía la cabeza vendada, lo cual ella consideraba en secreto que le hacía parecer una tipa dura y peligrosa. Titus se aclaró la garganta.

—Lo más importante es que NO debemos dejarnos llevar por el pánico —dijo Titus dirigiéndose a la multitud—. Quiero informaros de que parece que tenemos un visitante inesperado que...

¡BANZAAAAAAAAAAAAI!

El discurso de Titus fue interrumpido por Sauce, que saltó de forma muy dramática sobre la mesa de Titus. Tenía un trapo naranja atado a la cabeza y la

cara pintada con rayas en sus adorables mejillitas. Llevaba en las manos una raqueta de tenis, un jirón del mantel y el libro de monstruos, todo lo cual lanzó de forma impetuosa sobre la mesa.

—¡Escuchadme, peña! —exclamó—. ¡Hay un MONSTRUO suelto! ¡Y es tocho que no veas, además!

—¡AAAAAAAAAY! —chilló todo el mundo.

—¡Calmaos todos, por favor! —suplicó Titus.

—Buen trabajo, coneja —soltó Nancy con sarcasmo—. Esto ha sido de gran ayuda para liar un poco más la situación.

Sauce desenrolló el mantel.

Se oyeron respingos entre los asistentes cuando señaló las huellas de patas que había sobre él.

—¡Escuchad! —dijo Sauce mientras se movía de un lado a otro—. ¡Este monstruo destrozó el bufé de la boda! ¡Este monstruo se esconde en Grimwood! Y anoche, este monstruo.... ¡estuvo a punto de matarme!

La multitud dio un nuevo respingo.

—Pero Nancy me salvó la vida —explicó Sauce—. Y eso mola bastante, imagino.

Desde la multitud se escucharon gemidos.

—¿Hay alguien que lo haya visto de verdad? —preguntó Monty, que era el hermano mayor de Rulos y un poco ceporro—. ¡Porque los chavales y yo nos pillamos el Jeep enseguida y le leemos la cartilla al bicho ese!

Rulos se puso rojo.

—Eh, creo que tenemos un problemilla con el Jeep, hermano —dijo con tono pusilánime—. Lo he metido en una zanja enorme.

Titus hizo sonar dos cáscaras de coco para llamar la atención de todo el mundo.

—¡NADIE se va a ir a buscar monstruos! —dijo—. No hasta que sepamos a qué tipo de ser nos enfrentamos. Que los pequeños se queden bajo tierra, y si veis, oís u oléis algo inusual, venid a decírmelo.

Sauce estaba mascando una ramita y haciendo girar su raqueta de tenis.

—Eso es —dijo—. Mejor nos dejáis la caza de monstruos a la gente profesional.

—¿Profesional? —gritó una voz desde la multitud—. ¡Yo sí que te voy a arreglar la tontería al estilo profesional!

—¡Hola, mamá! —dijo Sauce, saludando—. A ver, resumiendo, este libro me ha informado de todo lo necesario sobre capturar a bestias. No tengo miedo, ni un poquito. ¿Quién se apunta?

La multitud quedó en silencio.

Ted suspiró.

—Vaaale —dijo—. Yo te acompaño.

Nancy le dio un cachete a Ted en las orejas.

—Ni hablar de eso —dijo ella—. Si te crees que voy a dejar que te marches a dar vueltas por ahí por el bosque con esa coneja majareta, lo llevas claro.

Y entonces, Frank descendió planeando hasta Sauce y la cogió por el pellejo del cuello.

—¡Oye! —chilló mientras daba puñetazos al aire—. ¡Suéltame! ¡Tengo que ir a luchar contra los monstruos! ¡Aaaay!

La metió dentro de la caravana de Titus y cerró la puerta.

—Ugh —se quejó Ingrid—. ¿Por qué está todo el mundo en plan tan DRAMÁTICO? Lo que hay que hacer es dejar que esa cosas, sea lo que sea, siga su camino. Eso es lo que hice yo con mi último marido. Lo ignoré y se marchó de vuelta a Hollywood llorando.

—Ingrid tiene razón —dijo Titus—. Bajaremos el nivel de actividad y esperaremos a que se marche. Lo principal es MANTENER LA CALMA.

De repente, el cielo se oscureció. Las ardillas y los ratones empezaron a correr para ponerse a salvo.

—¡Es Pamela! —chillaban—. ¡Salvad la vida!

Pamela aterrizó sobre la caravana de Titus. Llevaba unas barras de seguridad en el pico.

—¡CRUIAAAC! ¡Relajaos un poquito, gente! —dijo.

—¡Sí, para ti es fácil decirlo! —gritó Ginger Fiasco, escondida tras una seta champiñón—. Te zampaste a nuestro amigo el día de su boda.

—Bueno, ahora no tengo hambre —dijo—. A ver, tengo una idea al respecto de ese MONSTRUO.

—Dudo que vayas a poder comértelo, amiga. Es demasiado grande —dijo Frank mientras se rascaba una garra con la otra.

—Tengo cámaras de visión nocturna —siguió diciendo Pamela—. Las instalaré por todo Grimwood y así podremos ver a esa supuesta bestia.

—Oooh —dijo todo el mundo, porque sonaba muy razonable, y eso era algo que en Grimwood no pasaba muy a menudo.

—Una gran idea, Pamela —dijo Titus—. A ver, que todo el mundo recuerde que nada de paseítos por ahí después de que se ponga el sol. No hasta que logremos obtener más datos acerca de nuestro... visitante.

CAPÍTULO 8
Al acecho

Sauce estaba enfadada de verdad. Estaba sentada en la cama de Ted con una manta encima de la cabeza.

—Venga, Sauce —dijo Ted—. Anímate... Podemos ser igualmente cazadores de monstruos, lo único es que... no nos dejan salir a cazar monstruos.

—HUMPF —dijo Sauce, quitándose la manta de un tirón—. Este sitio está lleno de miedicas y de caguetas. ¡Como tú!

—Es que no me gusta que me coman —dijo Ted encogiéndose de hombros—. ¿Tan mal te parece eso?

Sauce se había traído el libro del profesor Cuthbert con ella. Estaba lleno de ilustraciones, datos superbuenos y charlitas en general sobre todo tipo de bestias inusuales. Fijaos:

El chacalope

El chacalope es como un conejo gigantesco con cuernos de ciervo grapados en la cabeza. Nunca hay que asustar a un chacalope mientras está haciendo una búsqueda de palabras, porque se ponen de un humor que no veas.

El juchijámana

La única forma segura de acercarse a un juchijámana es arrastrarse como un gusano con la barriga contra el suelo al tiempo que se sostiene una bandeja de sándwiches de huevo y rúcula en la cabeza. Tienen unas fosas nasales muy sensibles a las cosquillas. Es importantísimo no hablar, repetimos, NO HABLAR en flamenco cerca de uno.

La patata parlante

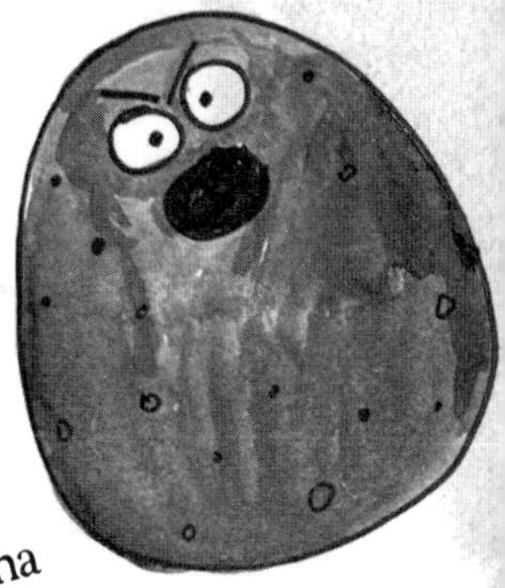

A primera vista, la patata parlante se parece a nuestro habitual y amistoso tubérculo. El tipo de patata que te comerías frita, asada o hervida. Pero si la patata se pone a hablar, entonces ya sabes que estás frente a una patata parlante, lo cual es una cosa muy diferente. Sobre todo porque tiene cara y te puede chillar.

La Emily Davies

Emily Davies es una unicornio que huele a flores y come pasteles de arcoíris. Es la monstrua más adorable de la historiaaa. De hecho, voy a pedirle la pezuña en matrimonio.

—¡Este libro es un pasote! —dijo Ted.

—¡Me voy a leer todas las páginas y a volverme una EXPERTA EN MONSTRUOS! —anunció Sauce.

Un calcetín maloliente le golpeó en la cara.

—¿Queréis hacer el favor de bajar el volumen? Estoy intentando echarme una siesta.

—Perdona, Nance —dijo Ted en voz bajita.

Nancy se dio la vuelta y se puso de cara a la pared de la madriguera de zorros. Cerró los ojos. Y luego escuchó de nuevo la voz del sueño.

—*Cuida de él, mi pequeña valiente.*

Los ojos de Nancy se abrieron a la velocidad del rayo. ¿De quién era aquella voz y por qué la tenía en la cabeza? Respiró hondo y volvió a cerrar los ojos.

Aquella vez, escuchó el chapoteo del agua... y los chillidos de pájaros en la lejanía. ¿Eran gaviotas? No podía estar segura. Abrió los ojos de nuevo, y los ruidos se detuvieron.

¿Qué le estaba pasando? Echó un vistazo a Ted

y Sauce, que estaban entretenidos bajo las sábanas leyendo el libro de los monstruos del profesor Cuthbert a luz de una linterna.

Se recolocó el cojín y volvió a cerrar los ojos una vez más. En aquella ocasión escuchó música. Era una flauta, o algo así... y tocaba la misma melodía, una y otra vez. ¿Cómo podía una melodía sonar alegre y triste a la vez? Cuando abrió los ojos, todavía podía escucharla. Pero sabía que solo estaba en su cabeza.

—Nance —oyó que decía la voz suave de Ted. Se había acercado en silencio mientras ella tenía los ojos cerrados—. ¿Qué te pasa? ¿Vuelves a tener los sueños?

Nancy asintió.

Ahora ni siquiera necesito estar dormida del todo. Es como un sonido que oigo una y otra vez, y cuanto más lo oigo, más real parece. Es una cosa muy extraña.

Ted sacó su cuaderno y su lápiz y se los enseñó.

—Cuéntame, rápido —dijo.

—Lo más importante es esa música que escucho —dijo Nancy.

—¡Tararéala! —dijo Ted.

Nancy no era nada musical. Pero respiró hondo e intentó tararear.

—¡JUA, JUA, JUA, JUA, JUA! —dijo Sauce—. ¿Estás cantando?

—¡No! —espetó Nancy, sintiéndose como una boba—. Cierra el pico, coneja.

—¡Muy poco oportuna, Sauce! —dijo Ted.

Nancy se tumbó y se puso un almohadón en la cabeza.

—Déjalo —gruñó—. Ya no quiero hablar más de esto.

Yo solía tener el mismo sueño recurrente. O al menos **creo** que lo tenía. Puede que tan solo estuviera atrapado en el interior de una lavadora.

Era plena noche.

Grimwood estaba en silencio.

—Mamita, ¿el monstruo de fuera nos va a comer? —preguntó Flopi el conejito.

—No, si nos quedamos aquí abajo, pepitita mía —dijo la mamita de Flopi.

A diferencia de Flopi o de la mamita de Flopi, Pamela no estaba preocupada. Tenía puestas sus gafas de visión nocturna y estaba soltando paridas a un teléfono roto.

—¡LA AGENTE PAMELA SE PRESENTA A SU MISIÓN! —chilló.

—Llevo seis horas vigilando mis cámaras ocultas —susurró—. De momento no he visto ningún monstruo raro.

Escudriñó el suelo, intentando detectar actividad.

—Nada. No se mueve nada. No se arrastran gusanitos... No hay pajaritos volando... Ni siquiera hay hormiguitas pequeñitas con zapatitos de hormiguita —dijo con la voz triste.

Pamela suspiró. De repente, vio una sombra moviéndose en una de sus muchas pantallas.

—¡Hemos avistado algo! —chilló—. ¡Cámara cinco!

Algo había hecho temblar la cámara, no había duda. Pamela toqueteó unos botones y palancas para conseguir que la imagen fuera más clara. ¡¿Estaba a punto de ver de verdad al MONSTRUO?!

La sombra negra daba saltos. Parecía tener una cabeza puntiaguda. Y un pico puntiagudo. Y parecía tener un mirlitón en la mano.

—¡YEEEPA! ¿CÓMO TE VA? ¿SALGO EN LA TELE? ¡WUP, WUUUP!

—Falsa alarma —suspiró Pamela—. Resulta que es mi colega aviar, Sharon.

Se quitó las gafas de visión nocturna. Empezaba a romper el alba. (¡Au!, dijo Alba al romper... se). Pamela tenía que informar en breve a Titus de sus decepcionantes resultados. Pero antes pensaba comerse un bocadillo de ratón y un rico té de gusanos para desayunar.

CAPÍTULO 9
Trampas

Al día siguiente, Ingrid y don Carlos Borrascosio estaban dando un paseo alrededor del estanquito.

—¡No sé cuánto tiempo más voy a poder vivir como un PRISIONERO! —chilló don Carlos.

Ingrid le dio un cachete en el pico.

—¿Pero qué estás diciendo? —parpeó—. Nos pasamos dormidos un mínimo de quince horas al día. No pienso dejar que ningún monstruo afecte a mi rutina. Me da igual lo feroz o amenazador que sea.

Don Carlos asintió con la cabeza.

—Tienes toda la razón, querida. Lo lamento. ¡Es que todo este drama me resulta insoportable!

—Te encanta el drama tanto como a mí —refunfuñó Ingrid mientras estrechaba los ojos.

El resto de los patos del estanquito se habían reunido cerca de una mata de juncos. Se escuchaban muchos parpeos y se veían muchas alas señalando.

—Hablando de drama —dijo Ingrid—. ¿A qué viene tanto alboroto?

Los dos se acercaron flotando hasta donde estaban los otros patos.

—¡Mirad! —parpeó un pato que se llamaba Kenzo—. ¡Huellas de monstruo! ¡Debe de haber venido al estanquito en plena noche!

Don Carlos se desmayó.

—Supongo que tengo que ir a informar a Titus —suspiró Ingrid—. Este es el tipo de gran notición que va a tener a todo el mundo excitadísimo.

Y se fue, balanceándose de un lado a otro, en dirección a la caravana de Titus, arrastrando a don Carlos detrás de ella.

Titus había estado tan distraído con toda la pelotera del monstruo que se había retrasado en la escritura de su libro *Memorias de un ciervo*. Se sentó junto a una tetera y a un plato de petisús con chocolate. Ingirió uno de los petisús sin siquiera masticar y miró la página en blanco que tenía en la mesa. Llevaba más de un año escribiendo el libro. Llevaba cinco páginas.

—Qué complicado es escribir —dijo quejumbroso mientras mordisqueaba el extremo del lápiz y se sujetaba la cabeza con la pezuña. De repente, tuvo un zarpazo de inspiración. Empezó a escribir.

> *Siempre me han gustado los dulces. Cualquiera me vale, pero puede que mis favoritos sean los profiteroles.*

—¡Fiu! —dijo Titus, y se reclinó en la silla.

Decidió celebrarlo con una siesta. Pero antes de empezar a conciliar el sueño, unos parpeos muy agresivos lo molestaron.

—¡Despierta, ciervo flojucho! ¿No se supone que eres el alcalde de Grimwood?

—Ah, hola, Ingrid —dijo Titus—. Hola, don Carlos. Pues es que estaba escribiendo mi novela.

—Eso ya se ve —dijo Ingrid con tono de no estar nada impresionada—. A ver, vengo a contarte que hay MUCHAS huellas gigantes de monstruo alrededor de mi estanque. No hay duda de que anoche esa bestia estaba intentando comerme a mí y a mis hermanas y hermanos patos. Estoy muy disgustada.

Titus se puso en pie súbitamente.

—¡No! Oh, Ingrid, no sabes cómo me alegro de que estés bien. ¡Maldita bestia escurridiza!

Frank, que estaba en silencio y posado en el hueco de un roble, ululó delicadamente.

—Quizá deberíamos preguntarle a Pamela si ha visto algo con sus cámaras, ¿no, jefe? —preguntó.

—Sí, una gran idea, Frank —dijo Titus—. Así sabremos por lo menos a qué nos enfrentamos.

Frank descendió planeando y se sirvió una taza de café.

—Necesito cafeína antes de ir al encuentro de esa águila —dijo mientras mordisqueaba un petisú.

Y, como por arte de magia, Pamela el águila descendió desde la torre mágica trazando una curva por el cielo.

—QUÉ PASSSA —ululó antes de tirarse de cabeza al plato de petisús de chocolate. Se lo comió entero (plato incluido).

—¿Viste algo anoche, Pamela? —preguntó Titus.

Pamela soltó un eructo tremendo. El plato salió volando.

—Demasiado crujiente para mi gusto —dijo—. No, no he visto ninguna bestia merodeando por ahí. Solo vi a Sharon bailando *breakdance* a medianoche. No sé por qué le gusta tanto hacer eso.

Justo entonces aparecieron Sauce y Ted, con el aliento entrecortado tras haber corrido.

—¡Hemos oído que hay petisús de chocolate! —dijo Sauce entre jadeos.

—Me temo que ya no quedan, joven Sauce —dijo Titus—. ¡Pero espera un momento!

Se metió rápidamente en la caravana y empezó a revolver cosas.

—Hemos visto más huellas —parpeó Ingrid—. ¿Podría ser que figuren en tu libro?

Sauce asintió con energía.

—Ted y yo nos lo hemos leído todo, ¡y creemos que sabemos de qué monstruo se trata! —dijo.

Levantó el libro hasta la mesa y lo abrió por una página que tenía la esquina doblada.

¿Vosotros sois más de **doblar** o de usar un punto de libro. Yo soy una cochinilla de las de punto de libro. Suelo dejar una antena ahí metida.

EL YETI

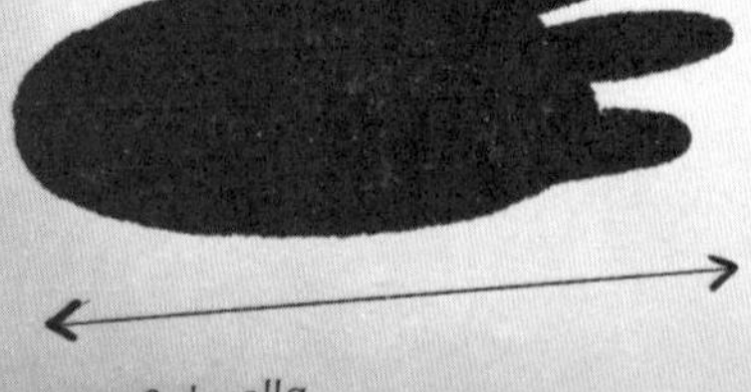

Figura 2: huella
Tamaño aproximado: 1m

—Sí —parpeó Ingrid—. Este es el aspecto que tenían las huellas. Así que hay un yeti en Grimwood. Vamos a morir todos, no hay duda. Pamela, díselo a todo el mundo.

Pamela se fue volando a la torre mágica.

—¡Pero Ingrid! ¿Para qué le dices eso? —exclamó Ted—. ¡Vas a poner a todo el mundo histérico!

La radio se encendió con un chisporroteo.

—¡ATENCIÓN, ATENCIÓN!

Era Pamela.

—Cómo corre, la tía —dijo Sauce.

—EL MONSTRUO HA SIDO IDENTIFICADO. UN YETI ESTÁ ATACANDO GRIMWOOD. VAMOS A MORIR TODOS. A CONTINUACIÓN, UN CLÁSICO DE LA MÚSICA DISCO CON DIANA ROSS. ¡CHAOOO!

Titus salió en ese momento de su caravana con una bandeja hasta arriba de galletas de chocolate recién horneadas.

—¡Aquí tenéis, gente! ¡Más merienda!

Levantó la vista. La mayor parte de Grimwood estaba frente a su caravana.

—¡Sapristi, sois muchos! —murmuró—. ¡Que nadie se preocupe, voy a hacer más!

—¡Disculpa, Titus! —dijo Mervin, la rata de agua—. ¿De verdad vamos a morir todos?

—Eso —gritó Sandra, la rana—. Me iba a comprar una lancha motora. Pero si voy a morirme, pues paso de tanto lío.

Nancy puso cara de «ya empezamos» y se levantó para hablar.

—Nadie se va a morir, ¿está claro? —dijo irritada—. A ver, tranquilidad todo el mundo. Tenemos un invitado indeseado. Vamos a pensar cómo hacer que se largue. ¿Alguien tiene ideas?

La radio volvió a crujir, y se oyó el chillido de Pamela muy fuerte por el altavoz.

—¡VOY A HACER UNA VALLA ELÉCTRICA GIGANTE, MORDERÉ EL CABLE Y HARÉ QUE HAGA ZZZAP! ¡ZZZZAP! **¡¡¡ZZZZAP!!!** ¡Y SE ME CAERÁN TODAS LAS PLUMAS! Y entonces, el yeti quedará destruido.

—¿Alguien que no sea Pamela tiene alguna idea? —dijo Titus tras desenchufar la radio a toda velocidad y tirarla a un arbusto.

Se oyó el motor de un coche al fondo del

gentío. Eran los hermanos de Rulos: Monty, Jeremías, Jeremías y Jeremías. Habían reparado el Jeep y estaban agitando unos pantalones rojos y una pala.

—¡Ni os preocupéis, chavales! —gritó Monty, el mayor de los hermanos—. Esta la tenemos chupada. TODOS nosotros fuimos capitanes del equipo de rugby, bueno, menos tú, Rulos, y en nuestra época dejamos a muchos yetis bien planchados, ¡jo, jo!

—¡Hala, Monty! —dijo Rulos—. ¿A yetis de verdad?

—Bueno, no, no a yetis de verdad —contestó Monty—. Pero tenemos motores, tenemos palas y tenemos IDEAS MALAS.

Cuando dijo esto, el resto de los tejones exclamó: «¡MALAS!».

Ted le dio un codazo a Rulos.

—¿Seguro que sois de la misma familia, Rulos? —preguntó inocente—. Porque con lo listo que eres tú, y ellos son tan... tan...

Rulos miró a Ted. No estaba rabiando por ir a acompañar a sus hermanos, pero quería darles apoyo. A pesar de que fueran una pandilla de mentecatos con la cabeza más hueca que una esponja.

—Te entiendo, Ted —dijo—. Pero una cosa te digo: Monty no le tiene miedo a nada.

—¿Y si les dejamos que prueben, a ver? —le dijo Nancy a Frank mientras se encogía de hombros—. Tienen un Jeep. Y pequeñitos precisamente no son.

Frank asintió.

—Vale —dijo—. Titus, doy mi voto por los tejones. ¿Y si dejamos que intenten atrapar al yeti esta noche? En breve tenemos partido de arbolplof y no quiero que un monstruo ceporro y peludo me lo estropee.

Titus arrambló con tres galletas, se las metió de una en el hocico y masticó pensativo.

—Mis queridos tejones —dijo—. Si creéis que sois capaces de atrapar a ese yeti, estamos con vosotros.

—¡Hurra! —exclamó todo el mundo.

—¿Puedo ir? —preguntó Sauce.

—No —dijo todo el mundo.

—Buuu —dijo Sauce enfurruñada.

CAPÍTULO 10
De caza

Ted, Nancy y Sauce iban dando zancadas en dirección a la biblioteca de Brillastaña. Costri McTavish había invitado a los animales de Grimwood a acampar allí hasta que los tejones atraparan al misterioso yeti.

—Rulos no es tan duro de pelar como Monty y los Jeremías —dijo Ted. No podía evitar que su voz sonara preocupada—. Dudo que de verdad le apetezca salir a cazar yetis.

—No, no le apetece —dijo Nancy—. Pero no quiere dejarlos solos. Y él es muy legal.

Entrar en la biblioteca de Brillastaña cuando ya había oscurecido era algo bastante emocionante. Las velas temblaban y bañaban la estancia en un fulgor dorado. Sauce subió dando saltos por la escalera de caracol de madera para unirse a sus 534 hermanos y hermanas, que se estaban acomodando en el gallinero para escuchar una historia.

Ted miró alrededor. Estaba hasta los topes de gente... pero no parecían estar allí todos los habitantes de Grimwood.

—¿Dónde están las ardillas? —murmuró en voz baja—. ¿Y Sharon? ¿Y Pamela? ¿Y Felipe, el abejorro pesado?

—Hay criaturas que se niegan a ser domadas —dijo Ingrid, que se había acurrucado en un butacón de cuero—. ¿Crees que esa águila turulata va a bajar alguna vez de la torre? *Nop*.

Mientras tanto, don Carlos Borrascosio, apretado junto a Ingrid, leía un libro titulado *¡Es-pata-cular! La historia de los patos en el mundo del espectáculo.*

Ted y Nancy encontraron un puf blandito en el que acomodarse.

—Ya sé que querrías haber ido a ayudarlos esta noche, hermana —dijo Ted.

Nancy gruñó.

—Sí, puede —dijo.

Ted se enroscó cerca de ella.

—Pues yo me alegro de que no lo hayas hecho —dijo con una sonrisa, y le dio un achuchón—. ¿Has tenido algún recuerdo de esos raros últimamente? —le preguntó dulcemente.

—Es la misma historia de siempre, una y otra

vez —dijo Nancy—. Y cada vez percibo las cosas de forma más clara e intensa. A excepción de la chorrada esa de melodía.

—¿El silbido? —preguntó Ted.

—Sí —gruñó Nancy—. Me pone la cabeza como un bombo. Ojalá pudiera recordar cómo acaba.

Costri McTavish se abrió paso con su silla de ruedas entre los zorros.

—Ah, tenía ganas de veros, pareja —dijo. Se inclinó sobre el patín que usaba para desplazarse por ahí y sacó un papel doblado—. Arrancar hojas de los libros no es algo correcto —susurró—, pero creí que era importante que tuvierais esto. Es un registro de todos los zorros que han vivido en esta zona durante los últimos cinco años.

—¡Oooh! —dijo Ted.

Costri le dio el papel a Nancy.

—No sé si os servirá de ayuda —dijo—. Pero creo que os gustará saber quién vivió en vuestra madriguera. Así podréis conocer a quien dejó esas huellas que mencionaste.

Nancy asintió y apretó el papel con sus patas. Tuvo la esperanza de que Ted no se diera cuenta de lo mucho que le temblaban.

—Gracias, Costri —dijo.

Y miraron la lista.

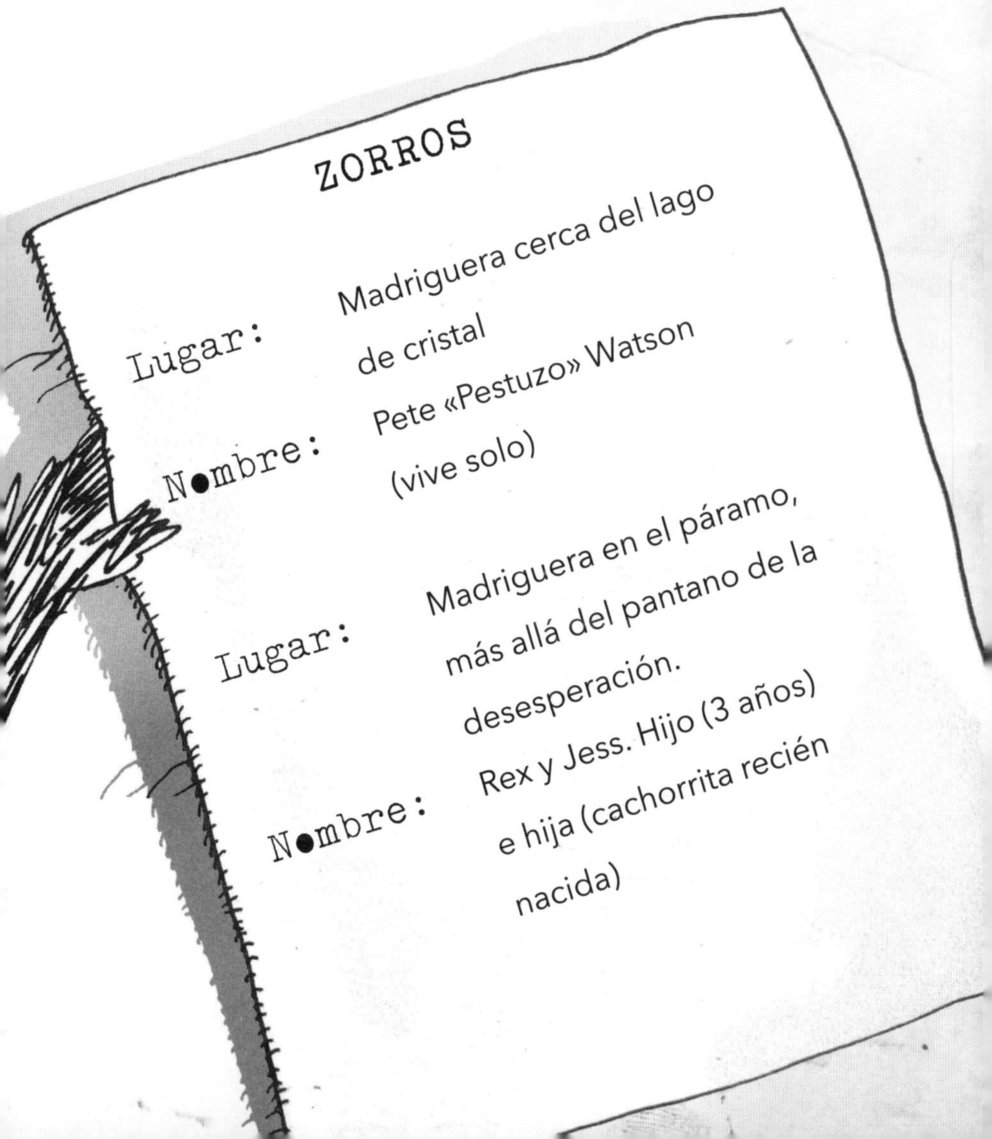

—Hum —dijo Ted después de un rato—. Está claro que esa es nuestra madriguera, no hay duda. Pero esos dos zorros no pueden ser mamá y papá, ¿a que no?

Nancy negó con la cabeza, decepcionada.

—Nah —dijo—. No pueden ser ellos, no cuadra porque el hijo es mayor que la hija. Bueno, yo qué sé.

Y se dejó caer en el puf blandito haciendo «FLUMP». Ted se acomodó a su lado.

—Nance —dijo tras un rato—. No pasa nada, ¿sabes? Creo... Creo que deberías dejar de preocuparte por papá y mamá.

Nancy no dijo nada, pero Ted pudo notar que su respiración se iba ralentizando.

—Sé que nos querían —dijo Ted—. Lo sé por lo mucho que me quieres tú. Seguro que te enseñaron a hacerlo. Me siento afortunado de haberlos tenido, aunque fuera solo ese ratito. ¡Y mira a nuestro alrededor! Ahora tenemos una gran familia.

Nancy no dijo nada. Pero rodeó a Ted con su cola y lo apretó muy fuerte.

¡BUAAAAAAA!

Pasadme los pañuelos, que me estoy montando aquí el megafestival de los mocos.

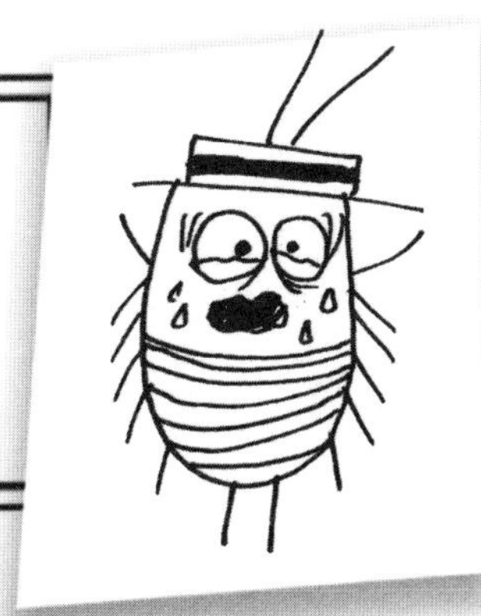

Mientras, en Grimwood, los tejones se habían reunido fuera de la caravana de Titus para hacer las últimas comprobaciones antes de comenzar su expedición de caza del yeti. Siendo el noble y valeroso alcalde de Grimwood, Titus se había negado a abandonar Grimwood, y eso supuso que Frank se quedara también.

—¿Estáis seguros de que no queréis más galletitas de crema? —insistió Titus.

—No, mira, tío, que nos has dado ya muchísimas —dijo Monty, que aún llevaba sus gafas de sol molonas aunque ya era de noche.

—Aseguraos de que os funciona el *walkie-talkie* —dijo Frank.

Uno de los Jeremías pulsó un botón rojo en

un pequeño dispositivo de color negro. Se oyó un chasquido y luego un silbido sordo. Luego se oyó una voz.

—¡CRUAAAC! Aquí la agente especial Pamela, ¿me recibes? Cambio y corto.

—Eh —dijo Jeremías—. ¿Sí?

—¡CRUAAAC! Tendrías que haber dicho «recibido», pedazo de melón. Cambio y corto.

—¿Vas a comer un pedazo de melón? —dijo Jeremías, sin enterarse de nada.

Frank miró al cielo como pidiendo paciencia.

—Mirad, vosotros no perdáis contacto con Pamela, ¿vale? Ella estará observando desde la torre mágica. En cuanto hayáis atrapado al yeti, la llamáis, ¿de acuerdo?

—¡Recibido! —dijeron los tejones.

—¿Cuándo reparten los pedazos de melón? —dijo el Jeremías más bajito, y posiblemente el más mentecato de los tres.

Rulos se quedó en silencio.

—¿Todo bien, chaval? —le dijo Frank en voz

baja para que los otros tejones no le escucharan—. ¿Seguro que no quieres que os siga?

Rulos dijo que no con la cabeza.

—No, Frank, no pasa nada. Quiero que mis hermanos sepan que soy tan valiente como ellos.

Frank miró a Rulos con sus ojazos de búho.

—Eres el más valiente de todos ellos, Rulos —dijo.

Mientras el rumor del Jeep se alejaba en la profunda oscuridad del bosque, Titus se tiró un eructo descomunal.

—Perdona —dijo—. Ya sabes que cuando me pongo nervioso me da por eructar. Ay, espero que atrapen a ese yeti, Frank. Así todo podrá volver a la normalidad.

—Pues sí —dijo Frank—. Si no lo atrapan, tendremos que celebrar el partido de arbolplof en Brillastaña. Les dará ventaja por jugar en casa.

—Qué suerte hemos tenido con lo de Brillastaña, ¿eh? —dijo Titus con una risita—. ¡Menos mal que una gran parte acabó destruida en el último libro, o si no nadie habría querido regresar aquí!

—¿Qué libro? —preguntó Frank.

¡Ahí va! ¡Que se han enterado de lo de estos libros! ¿Quién se lo ha contado? ¿Has sido tú? **Urgh.** Bueno, pues nada, que siga el espectáculo, nada que ver por aquí.

Los tejones habían estado dando vueltas por Grimwood durante horas.

—Se ha acabado el picoteo —dijo Rulos mientras buscaba tristemente en el interior de una mochila.

De repente, sus orejas se pusieron tiesas. Podía oír en la distancia un *chund*, *chund*, *chund*.

Era el tipo de pisada pesada que haría un yeti al caminar.

—¡Monty! —susurró—. Para el Jeep, chaval.

Monty fue reduciendo la velocidad hasta quedarse parado.

—Apaga el motor —dijo Rulos hablando muy bajito—. Creo que oigo algo... ¿Y qué es esa peste tan asquerosa? ¿Te has tirado un pedo, Jeremías?

—¡Qué va, hermano! —dijeron todos los Jeremías al unísono.

—¡Cerrad los hocicos! —susurró Monty.

Los tejones esperaron en silencio.

Chund, *chund*, *chund*...

—Venga, chicos —dijo Monty—. Acerquémonos a pie. Rulos, ve tú delante.

—Eh... Uh... Vale —dijo Rulos, temblando. Agarró con fuerza la raqueta de tenis. En la otra pata tenía una linterna. Avanzaron con sigilo por el bosque, aproximándose al *chund*, *chund*, *chund*.

A medida que se acercaban, Rulos comenzó a oír lo que parecían unos ligeros y extraños crujidos.

¿Qué podían ser? ¿Se estaba afilando las uñas el yeti?

No tardaron en encontrarse tras un matorral de cardos. Los golpes provenían del otro lado.

—Huuum... Mejor echa tú el primer vistazo, tío —dijo Monty, temblando de miedo—. No quiero llevarme yo toda la gloria, ja, ja.

Rulos levantó la raqueta de tenis. Cerró los ojos y se imaginó enfrentándose al terrible yeti.

Y, mostrando *gran* valor, se levantó.

—¡Graaargh! —gritó, zarandeando la raqueta frente a su cara. Cuando vio que aún no se lo estaban comiendo, abrió los ojos.

Y vio ardillas.

Con auriculares.

Bailando.

—¿Pero qué castañas...?

Cuando vieron que Rulos no había sufrido ningún ataque, los otros tejones se levantaron.

—¡Creo que están montándose una disco silenciosa! —dijo Rulos.

Por supuesto, allí estaba Sharon, la graja fiestera, con los auriculares puestos, con gafas de sol y aleteando mientras bailaba. Los golpes eran causados por todas las ardillas saltando de forma simultánea al ritmo de la música.

—¡YEEEPA! —gritó Sharon cuando vio a Rulos—. ¡Venid a pasarlo pipa! ¡A mí no me cancela la fiesta ningún yeti!

Cogió un plato de gelatina y se lo puso en la cabeza, solo para hacer la broma.

—No, Sharon. Gracias —dijo Rulos, siendo responsable. Pero Monty, Jeremías, Jeremías y Jeremías le dieron un empujón para pasar.

Para cuando Rulos quiso darse cuenta, todo el mundo estaba bailando.

—¡YEEEPA! —ululó Sharon mientras tiraba palomitas de maíz y piruletas al grupo de bailongos.

Pues oye, pensó Rulos. *Si ya está todo el mundo haciéndolo...* Se puso unos auriculares y empezó a bailar alternando las piernas de forma un poco rara.

Sharon puso otra canción. Seguramente era una de las favoritas de las ardillas, porque se pusieron a tope

¡ARBOOOOOOLPLOOOOOOOF!

gritó una de ellas. Y eso ya sí que las activó una tras otra como si fueran una hilera de fichas de dominó peludas. Empezaron a hacer arbolplof al ritmo de la música, y se veían pequeñas sombras oscuras que se movían en una y otra dirección. Rulos empezó a reírse. ¡Se había olvidado de lo divertido que era bailar! ¿A lo mejor se comportaba de manera demasiado seria? A lo mejor deberían estar todos pasándoselo bien en vez de... ¿de lo que fuera que tenían que estar haciendo?

Y entonces Rulos volvió a notar aquel extraño olor.

Miró al suelo embarrado, y cómo no, allí había una huella gigante.

—Eh... ¿Chicos? —murmuró Rulos mientras señalaba la huella.

Pero nadie pudo oírle.

De repente, alguien gritó tan fuerte como para que se oyera por encima de la música que golpeteaba en los auriculares de todo el mundo.

—¡El monstruo! —gritó Martín, una ardilla que tenía unas zapas de deporte guapísimas con luces—. ¡Por allá! ¡Está entre los árboles! ¡¡¡CORRED PARA SALVAR LA VIDA!!!

Y se desmayó.

Rulos miró en la dirección hacia la que Martín apuntaba, y sin duda, había una sombra que se acercaba a toda velocidad por entre los árboles.

—¡Esta es la nuestra! —gritó Rulos—. ¡Coged la red, chicos! ¡La red!

Jeremías, Jeremías y Jeremías hurgaron con

urgencia en la mochila y sacaron una red de portería de fútbol antigua y con rotos que habían encontrado cerca de la caravana de Titus.

Rulos tomó la iniciativa. Levantó la raqueta todo lo que pudo y la agitó. Las ardillas seguían haciendo arbolplof por todas partes, y eso le impedía ver bien. Sharon estaba soplando un mirlitón.

—¡YEEEPA! ¡Menuda fiestaca nos estamos pegando! —ululó.

Rulos estaba ya tan cerca que podía ver la sombra del yeti. La forma oscura que se acercaba dando tumbos por entre los arbustos era más alta que él, y su cabeza parecía tener una extraña forma triangular. Respiró hondo... y le dio un TROMPAZO en la cabeza con la raqueta. La sombra soltó un chillido y se cayó al suelo.

—¡Ahora, chicos! —gritó Rulos—. ¡Tiradle la red encima, deprisa!

Los tejones lanzaron la red sobre la figura oscura y ataron un nudo en la parte de arriba para que el yeti no pudiera escapar.

Rulos pulsó el botón del *walkie-talkie*.

—¡Pamela! Pamela, ¿me recibes? ¡Soy Rulos!

Se oyó un silbido y unos crujidos.

—¡CRUAAAC! RECIBIDO, AQUÍ LA AGENTE PAMELA. ¿QUÉ ESTÁ PASANDO? CORTO Y CIERRO.

—¡Pues lo único que pasa es que hemos cogido a la cosa esta! —exclamó Rulos— ¡Lo hemos logrado! ¡Hemos atrapado al yeti!

Bueno, pues **hip, hip, hurra** a esa noticia, ¿no os parece, gente? ¡Menudo éxito! Imagino que ahora ya podemos irnos todos a casa, ¿no? **Huy... Huy...** Pues parece ser que no. Me comentan que al pasar la página tenemos más «historia», ¿os lo podéis creer?

CAPÍTULO 11
Silbidos

Los tejones se apresuraron en meter aquella bola escurridiza en la parte trasera de la camioneta y fueron a toda mecha hasta la caravana de Titus.

—¡Marchando una de yetiii! —voceó Monty mientras el Jeep se detenía con un frenazo. Titus estaba presa del pánico, saltando arriba y abajo.

—¡Dejadme verlo, dejadme verlo! ¡Ay, no puedo mirar! —dijo como farfullando.

Pamela voló por encima, lista para atacar en cuanto el yeti causara el más mínimo problema.

—¡Abajo con él, chavales! —gritó Monty, y los tejones bajaron hasta el suelo aquella red que tanto se movía. Luego dieron un brinco hacia atrás, porque lo que fuera que había acabado atrapado en la red empezaba a soltarse.

La cola de una ardilla salió por uno de los agujeros de la red.

Frank miró al cielo, desesperado.

—Mira, es que no me lo puedo creer —dijo suspirando—. Voló hasta la red y la apartó con sus garras.

De allí salieron trastabillándose cinco ardillas confundidas y mareadas. Una de ellas tenía un cono naranja de tráfico incrustado en la cabeza.

—Huy —dijo Monty.

—Ay, mi madre —aportó Titus.

—¿Pero qué pasaaa? No me siento nada la caraaa —dijo Gerald, la ardilla que tenía la cabeza metida en el cono de tráfico, y acto seguido se dio de bruces contra un árbol.

—Creo que el cono de tráfico nos puede haber confundido —dijo Rulos.

Frank sacó una lombriz del suelo y empezó a roerla muy pensativo.

—Idiotas —dijo—. Estoy rodeado de idiotas.

—Pues da la casualidad de que tengo el título de cirujana —comentó la lombriz antes de morir.

Al día siguiente, Sauce y Ted estaban tirando avioncitos de papel desde el gallinero de la biblioteca de Brillastaña.

—¡Mira cómo vuelan! —chilló Sauce mientras

observaba cómo su avión de papel hacía un tirabuzón para luego estrellarse contra el hocico de Titus.

—¡Anda! ¡Si Titus está aquí! —dijo Ted—. ¡A ver si han capturado al yeti!

Se dejaron caer deslizándose por la barandilla y aterrizaron a los pies de Titus. Costri McTavish se estaba comiendo una berlina rellena de mermelada. Titus había traído una cesta entera.

—No ha funcionado, ¿a que no? —dijo Sauce mientras se estrechaban sus ojillos—. Por eso habéis traído berlinas. Son berlinas de malas noticias, ¿a que sí?

Titus estalló en lágrimas mientras asentía.

—¡La criatura sigue por ahí MERODEANDO! ¡Nuestro hogar ha sido INVADIDO!

Y lloró tan fuerte que todo el mundo se paró para observar maravillado cómo salía un gran chorro de lágrimas, babas y mocos de aquella peluda y triste cara.

—Venga, hombre, Titus —dijo Costri—. Que podéis quedaros aquí todo el tiempo que queráis.

—Sois muy amables —dijo Titus mientras se sorbía los moquetes—. Pero no podemos quedarnos aquí para siempre.

Se oyó un murmullo por la sala cuando se corrió la voz de que el yeti aún no había sido capturado.

—¡Eso es genial! —le susurró Sauce a Ted.

—¿Por qué? —preguntó él.

—Porque eso quiere decir que el monstruo ANDA SUELTO. ¡Podemos atraparlo! —dijo, tras lo cual fingió dar una patada de kung-fu.

—¿Y el partido de arbolplof de esta noche? —preguntó Frank.

—Podríamos cancelarlo —dijo Costri.

Titus se limpió el hocicote.

—¿Qué opinas, Frank?

—No —dijo Frank mientras aleteaba sus alas de búho—. Estoy harto de tener que ir acomodándonos a un supuesto monstruo que apenas ha visto nadie. Voto por que juguemos el partido. Podemos tener a gente vigilando.

Costri asintió.

—Estoy de acuerdo —dijo—. Además, ¿quién sabe? A lo mejor todo el tumulto hace que el invasor se asuste... y se vaya.

Titus se levantó y asintió con su cornamenta.

—Tenéis todísima la razón —dijo—. ¡No nos va a echar de nuestra casa ningún yeti grandullón!

Cogió un megáfono que de forma muy apropiada estaba por ahí, cerca, nada, ni os preocupéis.

—¡ATENCIÓN, AMIGOS! Ahora probablemente ya sabréis que nuestros nobles y valientes tejones se enfrentaron al supuesto yeti anoche. Pero en realidad se trataba de la mayor parte del equipo de arbolplof de Grimwood, que estaba participando en una disco silenciosa...

—¡QUÉ PASSSAAA! —gritó Ginger Fiasco al tiempo que levantaba el puño en el aire.

—En resumen, ¡que NO nos van a echar de nuestra propia casa! —siguió diciendo Titus—. Con monstruo o sin monstruo, ¡EL AMISTOSO DE ARBOLPLOF ENTRE GRIMWOOD Y BRILLASTAÑA PLANEADO PARA ESTA NOCHE...

... SE VA A CELEBRAR!

—¡Viva!

—¡Hurra!

—Ay, mi madre.

Frank se acercó cauto a un pequeño montoncito de ardillas con pinta de estar extenuadas. Se trataba del equipo de arbolplof de Grimwood.

—¿Qué os parece la noticia, equipo? —exclamó Frank.

Las ardillas gimieron y se sujetaron las cabecitas peludas con las patas.

—Yo diría que pasarse la mitad de la noche en una disco silenciosa no es la forma más sensata de entrenar —dijo—. Pero conseguiste sacarte el cono de tráfico de la cabeza al final, ¿eh, Gerald?

Gerald asintió y se rascó la cabeza, que aún le dolía. La mayoría de las ardillas no había pegado ojo en toda la noche, y en aquel momento estaban dormidas pero con los ojos abiertos.

—Venga, a ver. ¡Os vais a tomar una botella entera cada una de zumo energético Cornamental! —chilló Frank mientras les acercaba de un empujón una caja de botellas verdes—. ¿Dónde está Nancy?

—Ha salido —dijo Martín—. Ha dicho que necesitaba que le diera el aire.

—No me digas —dijo Frank—. Miró hacia arriba y vio al doctor Khan sentado en una butaca, leyendo un libro que tenía pinta de ser algo muy serio.

—Hola, doctor —dijo—. Siento interrumpirte.

—Frank —dijo el doctor Khan, bajando el libro y dejando entrever su pico por encima—. ¿Cómo te puedo ayudar?

Frank hizo un gesto con la cabeza en dirección hacia la puerta.

—Es nuestra amiga la zorra. Sigue sin estar bien. Creo que debe ser una de esas pesadillas. Es mi jugadora estrella de arbolplof y necesito que esta noche esté al ciento por ciento. ¿Podrías hacer algo?

El doctor Khan cerró el libro.

—Hum —dijo—. Bueno, he estado leyendo más acerca de este tipo de situaciones. ¿Sabías que hay muchas cosas que pueden activar recuerdos ocultos? Ciertos lugares, olores, canciones...

—Lleva varios días intentando silbar una canción —dijo Frank.

El doctor Khan se bajó del butacón y se dirigió a su maletín.

—Creo que tengo algo que podría servirnos de ayuda —comentó—. Déjamelo a mí.

Nancy estaba sentada junto al lago de cristal. La luz del sol se reflejaba resplandeciente en las cristalinas aguas.

De vez en cuando, una ardilla con leotardos brillantes volaba por el cielo. El equipo de arbolplof de Brillastaña estaba haciendo una sesión de entrenamiento previa al partido. Nancy se desperezó estirando todas sus patas. Sabía que había otros problemas que resolver, como el monstruo gigantesco que estaba sembrando el terror en Grimwood, pero se moría de ganas de jugar el partido de arbolplof. Lo que le hacía falta en aquel momento era justamente un poco de rebotar por entre las copas de los árboles en un encuentro competitivo.

La noche anterior había tenido otro de sus extraños sueños. Había oído la misma melodía silbada, la que era un poco feliz y un poco triste. Intentó silbarla ella misma, pero como no sabía silbar, lo único que hizo fue salpicar de baba por todas partes.

—Hola, zorra. Me parece recordar que te gusta el café —dijo el doctor Khan mientras depositaba amablemente una taza del negro líquido en las patas de Nancy.

—Ah, gracias, doctor —dijo, y se lo tragó con entusiasmo.

—Yo soy más de té —comentó—. ¿Me ha parecido que estabas intentando silbar algo?

Nancy asintió con una sonrisa de vergüenza.

—Sí. Pero es que no sé silbar. Quería silbar la melodía que no paro de oír en mis sueños... Me acuerdo del principio y de la parte del medio, pero no del final.

El doctor Khan asintió y echó mano de su maletín. De él sacó una flautita de madera.

—¿Has tocado la flauta alguna vez? —dijo como quitándole importancia—. Es muy sencillo.

Le pasó la flauta a Nancy.

Sopló en ella un par de veces.

—*Nah* —dijo—. Me siento como una boba.

El doctor Khan miró a Nancy de un modo que le decía que tenía que intentarlo.

Así que acercó de nuevo la flauta a sus labios y sopló.

El doctor Khan le explicó cómo tapar los agujeros con las patas para producir las diversas notas. Nancy se dio cuenta de que era verdad: era lo suficientemente sencillo como para poder cogerle el tranquillo.

—Te la puedes quedar un tiempo —dijo—. Sigue practicando, que no tardarás en poder tocar tu canción. Adiós, zorra.

Nancy se despidió moviendo la pata, y luego comenzó a practicar con su nuevo instrumento. Nunca se le había dado bien la música. Eso había sido siempre más cosa de Ted. Pero fue acostumbrándose poco a poco a las notas. Al menos, a la mayoría de ellas. Ojalá pudiera recordar esas pocas últimas notas...

—¡JUA, JUA, JUA, JUA, JUA, JUA! ¿Pero qué haces con eso? —dijo Sauce entre carcajadas mientras se acercaba a Nancy dando saltitos.

Nancy bajó la flauta enseguida.

—Nada —dijo, y le dio un empujón a Sauce.

—No han cogido al yeti, Nance —dijo Ted.

—Ya —dijo Nancy—. No me sorprende mucho, para seros sincera. ¿Cómo lo lleva Titus?

—Está llorando —dijo Sauce—. Frank quiere que vuelvas a Grimwood para un entrenamiento de arbolplof previo al partido.

—Vale —gruñó—. Iré para allá en un momento.

—¿Estás bien, hermana? —preguntó Ted.

—Estoy bien —dijo—. Solo necesito un ratito para estar a solas. Os veo en un rato, ¿vale?

Ted le dio un abrazo y se apresuró para alcanzar a Sauce.

—¡Eh, Ted! —gritó Nancy mientras Ted se alejaba.

—¿Qué?

—¿Por qué lleva Sauce una pala?

Sauce la oyó y se dio la vuelta.

—¡Porque me encanta la jardinería! —chilló.

Nancy frunció el ceño.

—Menuda coneja idiota —refunfuñó. Pero volvió enseguida a intentar tocar la flauta para recordar el final de la canción que aún se le resistía.

CAPÍTULO 12
Arbolplof

Era la velada del encuentro de arbolplof. Nancy y el resto de los arbolplofers estaban calentando. Las ardillas se estiraban las colas las unas a las otras, hacían carreritas en el sitio y gritaban cosas como: «¡HUUU, HA!».

Los tejones habían accedido a patrullar el claro del bosque donde se iba a jugar a arbolplof durante todo el partido. Monty estaba que no cabía en sí mismo de felicidad por su nuevo e importantísimo trabajo, y obligó a todo el mundo a llevar chalecos brillantes con la palabra SEGURIDAD escrita en la espalda.

—Nenes, ese monstruo fétido no se nos va a volver a escapar —dijo mientras se apoyaba en la puerta del Jeep, haciendo girar alrededor del dedo una linterna así, como si nada.

El equipo de Brillastaña parecía estar algo más nervioso que de costumbre.

—¿Cómo lo lleváis, jefa? —dijo Nancy dirigiéndose a la capitana del equipo rival, Reena.

Reena se rio.

—Hum, sí, estamos un poquito estresados —dijo—. Hay gente preocupada por si vuestra amiga el águila se los come. Y la otra gente está preocupada por el monstruo gigante.

—¿Y tú lo estás? —preguntó Nancy.

—*Nah* —dijo Reena despreocupadamente—. Solo me preocupa ganar el partido.

Titus golpeó dos cáscaras de coco.

—¡Que dé comienzo el partido de arbolplof... AHORA!

Sabéis qué es el **arbolplof**, ¿verdad?
Es un antiguo deporte forestal donde las ardillas (y Nancy) se lanzan de árbol en árbol, chocando entre ellas e intentando no tocar el suelo.
No me hagáis explicarlo otra vez.
¡Aunque acabo de hacerlo! ¡Hurra!

Ted y Sauce estaban tramando algo.

—¡Qué guapada! —dijo Sauce mientras pringaba el morro de Ted con barro—. Tienes mucha pinta de tío duro.

Ted arrugó las cejas.

—No lo tengo yo muy claro —dijo.

Sauce había hecho jirones la camiseta de una de sus hermanas y le ató una tira a Ted alrededor de la cabeza.

—¿Tienes los suministros? —le preguntó.

Ted miró en el interior de la mochila.

—*Sep* —dijo—. Tengo una linterna, mi libreta, los *walkie-talkies*, un espejito, unos lápices, una armónica, un termo con té y unas galletitas de crema.

—Bien. Era MUY importante que no te olvidaras de las galletitas de crema —dijo Sauce.

Ted intentó sonreír, pero no las tenía todas consigo.

—No sé, Sauce —murmuró—. No acabo de tener esto claro.

Sauce estrechó los ojos.

—No seas cagueta —gruñó—. ¡Me dijiste que estabas conmigo!

—Y estoy contigo —dijo Ted—. Es que... no quiero que me mate el yeti.

Sauce refunfuñó mientras se retocaba la pintura de la cara.

—¡Ni siquiera sabemos si los yetis matan cosas! —dijo—. ¡A lo mejor lo que quiere es hacer amigos!

—Cuando los neumáticos que se desplomaron casi matan a Nancy no me dio la sensación de que fuera algo que quisiera hacer amigos —dijo Ted mientras se ponía la mochila en la espalda.

Sauce se había hecho una bandolera para la pala que había «tomado prestada» del Jeep de Rulos.

Salieron al exterior de la madriguera de zorros. Estaba todo en silencio. Entonces oyeron un «¡ARBOOOOOLPLOOOOOOF!» en la distancia.

—Genial —dijo Sauce—. El partido ya ha empezado.

Y levantó la patita en el aire.

—¡Cazadores de monstruoooooos, VAMOS! —dijo con un chillidito.

—Cazadores de monstruos, vamos... —dijo Ted, murmurando y chocándole los cinco de forma muy pocha.

Todo esto me está pareciendo muy sensato. Estoy bastante seguro de que no están siendo **totalmente ridículos** e **irresponsables**.

Pamela estaba que echaba humo.

Su mejor amiga Sharon, la graja fiestera, iba a hacer de animadora y DJ principal en el partido de arbolplof. Pero a ella le habían dicho que no tenía permitido asistir por causa del «incidente» que había tenido lugar durante la boda de las ardillas Romeo y Julieta.

—Estas criaturas son muy sensibles —dijo quejumbrosa—. ¡Aún me acuerdo de aquellos tiempos en que podía comerme a quien yo quisiera y nadie decía ni mú! Y ahora todo el mundo me viene con que «era mi amiga» o «era el día de su boda». Bah.

Se puso a observar los monitores de vigilancia. Luego agitó una botella de limonada y la abrió para que le explotara toda en la cara. Era su forma de relajarse tomando un trago. Como estaba ocupadísima bebiendo limonada, no vio que Ted y Sauce se arrastraban por el bosque sobre sus peluditas barrigas.

—¿Has visto algo ya? —susurró Ted.

—No —dijo Sauce—. Sigue reptando.

Iban moviendo las linternas de un lado a otro delante de ellos, con la esperanza de encontrar más huellas de pisadas. Estaban más o menos a la altura del estanquito y se iban adentrando en el bosque. De lo que no había duda era de que se alejaban de los vítores del partido de arbolplof.

Ted fue el primero en avistarlas.

—¡Sauce! —susurró—. ¡Mira!

Apuntó su linterna y Sauce vio seis huellas de monstruo perfectamente formadas. Dio un respingo.

—¡El yeti está cerca! —dijo. Levantó su adorable naricita y la movió.

—¡Te juro que lo puedo oler! —susurró Sauce, sintiéndose muy dramática e importante.

Empezó a desatar la pala.

Ted miró hacia arriba. Estaban debajo de un roble gigantesco y amenazador. Se puso a temblar, porque la cosa se estaba empezando a poner un poco tenebrosa.

Sauce le lanzó la pala a Ted.

—¡Rápido! ¡Ponte a cavar!

Y eso hizo.

Para seros sincero, las palas de jardinería no me acaban de hacer mucha gracia. Mi primo Neville perdió seis de sus patitas por culpa de una de ellas. El ambiente de la barbacoa familiar se fue totalmente **a la porra**.

Mientras tanto, el partido de arbolplof estaba en el descanso. El marcador era Brillastaña 6, Grimwood 625. El sistema de puntuación era muy confuso.

—Lo estáis haciendo estupendamente, equipo. ¡No os desconcentréis! —dijo Frank mientras entregaba al equipo botellas de zumo energético Cornamental.

Nancy se bebió la suya de un trago y se limpió el hocico con una toalla.

—¿Lo de repartir zumos no es cosa de tu ayudante? —preguntó—. ¿Dónde está Sauce?

Frank arrugó las cejas.

Nancy se puso en pie y escaneó la multitud con sus ojos. Ted y Sauce nunca se perdían un partido de arbolplof.

—¿Dónde está Ted? Frank, ¿dónde están?

—Sauce me dijo que les habías prohibido asistir al partido porque no querías que estuvieran cerca del monstruo... —dijo, preocupándose de repente.

Y en cuanto lo dijo, Frank se dio cuenta de que Sauce le había contado una trola enorme.

—Yo jamás les dije eso, Frank —dijo Nancy—. ¡Esa coneja idiota! Si ha metido a Ted en líos...

Nancy se quitó el casco, lo tiró al suelo, y se quitó también el brazalete de capitana.

—Lo siento, Frank. No puedo jugar la segunda parte. Tengo que encontrarlos.

Frank suspiró al ver cómo su capitana echaba a correr adentrándose en el bosque.

—Ginger. Calienta, que sales —dijo mientras

le arrancaba de las manos a la ardilla una bolsa de ganchotes de queso de tamaño familiar.

Ted estaba sentado en una rama baja del roble. Se subió a otra más alta, volvió a sentarse y se fue moviendo poco a poco hacia el extremo, para quedarse colgando sobre el suelo.

Bajo él, Sauce se dedicaba a arrastrar ramas y palos para ocultar un agujero muy profundo.

—Sauce, no estoy muy convencido de querer ser el cebo para el monstruo —dijo Ted con la voz nerviosa.

—¡Que no te va a pasar nada! —dijo Sauce—. He leído sobre estas cosas. Es una forma reguapa de atrapar lo que sea. El monstruo intentará cogerte pero se caerá en este foso antes de que pueda lograrlo. ¡Va a salir *superperfe*!

Sauce se limpió las patas llenas de pegotes de barro y corteza sobre el pelaje de la barriga.

—¿Estás listo? —gritó.

—Listo —dijo Ted con vocecilla de pobrecito. Metió la mano en la mochila y sacó la armónica y las galletitas de crema. Le tiró las galletas a Sauce.

—¡Excelente! —dijo ella. Se zampó una, por principios, y esparció las otras cerca de la trampa.

—¿A quién no le gusta una galletita de crema? —dijo Sauce—. En cuanto las huela, ¡caerá directo en esta trampa!

—Sauce —dijo Ted—. ¿Me puedes recordar por qué tengo que ser yo el que tiene que quedarse aquí colgado?

—Porque eres más grande —dijo Sauce—. Fijo que el yeti querrá comerte a ti antes que a una servidora.

—Ya —dijo Ted con voz triste.

—Y también porque yo soy más bien una ninja cazadora de monstruos —continuó Sauce—. Cuando esa bestia se caiga en el agujero, lo cubriré con más ramas y cosas para que no se pueda escapar. ¡Y entonces TÚ llamas a Pamela con el *walkie-talkie* y le cuentas a todo el mundo que ya lo hemos atrapado!

—Vale —dijo Ted, con la voz temblorosa.

—Y luego seremos héroes, nos llevarán a todas partes en una limusina dorada gigante, nos entrevistarán en la tele y seremos FAMOSOS...

A poca distancia de allí se oyó un rumor de hojas y un golpe.

Ted soltó un gemido.

Sauce dio un respingo y se tiró dentro de un matorral.

—¡Ahora, Ted! —dijo susurrando.

Ted se puso la armónica en la boca. Le temblaban las patas. Empezó a soplar muy flojito.

—¡Más alto! —susurró Sauce—. Queremos que el monstruo te ENCUENTRE, ¿a que sí?

Ted no tenía nada claro que eso fuera así, pero le echó valor y comenzó a soplar la armónica un poco más fuerte.

El rumor de hojas y los golpes se hicieron más fuertes.

Luego se movieron unas ramas.

Se vio una sombra.

No había duda alguna. El yeti estaba a punto de APARECER.

desmayo

CAPÍTULO 13
Monstruismos

A medida que el monstruo avanzaba dando tumbos hacia ellos, Ted comenzó a ponerse más y más nervioso y empezó a gritar. La forma oscura saltó en el aire y se agarró a la rama de Ted. Se balanceó sobre la trampa.

—¡Noooooo! —chilló Ted, intentando subir más por la rama.

Sauce salió corriendo desde detrás del matorral blandiendo un palo.

—¡Suelta la rama, yeti podrido! —berreó—. ¡Suéltala!

Pero el monstruo siguió aferrado a ella. Sacudió la rama, que empezó a doblarse.

—¡Sauce! —gritó Ted—. ¡La rama se va a partir! ¡Nos vamos a caer los dos!

—Ah —dijo Sauce, parándose para rascarse la nariz—. En eso no había pensado.

—¡AAAAAAAAAAY! —gritó Ted mientras la rama comenzaba a resquebrajarse. Se cayó hacia atrás... Iba directo hacia el agujero de la trampa...

Pero en el último instante, el monstruo le cogió la pata.

—¿Eh? —dijo Ted.

Miró un instante lo suficientemente largo como para ver un par de ojos parpadeando y mirando en su dirección, a través de la oscuridad.

Algo RUGIÓ.

Y no era el monstruo.

—¡Quítale las patas de encima a MI HERMANO! —bramó Nancy mientras volaba por el aire con la fuerza de una campeona de arbolplof.

Chocó con Ted y el yeti, y los empujó, haciendo que cayeran lejos de la trampa.

Sauce cogió a Ted y lo arrastró, alejándolo del yeti. Nancy estaba atrapada bajo el monstruo, que estaba gimiendo y rodando de un sitio a otro.

—¡Empújalo hacia ahí! —gritó Sauce a Nancy, señalando la trampa.

Nancy apretó los dientes y se incorporó, empujando al monstruo hacia las ramas que cubrían el agujero.

—¡AAAAAAAAAAAAAAY! —gritó el monstruo. Las ramas se partieron y el monstruo cayó al fondo del agujero haciendo **FLUNC**.

Nancy, Sauce y Ted estaban en el suelo, jadeando.

—¡Ha salido bien! —dijo Sauce entre jadeos, con chispitas en los ojos—. ¡Mi trampa ha funcionado! ¡AU!

Nancy cogió a Sauce por las orejas y la sacudió como si fuera una maraca.

—¿Pero cómo se te ocurre, coneja idiota? —ladró.

—¡También fue idea mía, Nance! —chilló Ted, que todavía estaba en el suelo.

—V-v-v-v-v-v-amos a e-e-e-e-echar u-u-u-u-un v-v-v-v-v-v-vistazo a-a-a-al m-m-m-m-onstruo —dijo Sauce.

Nancy dejó de sacudir a Sauce y permitió que se pusiera de pie.

Los tres se acercaron muy lentamente al borde del agujero.

Vieron un bulto oscuro enterrado bajo un montón de palos y ramas.

Y de repente, asomó una cabeza.

—¡Hola! —dijo—. Un placer conoceros.

—¡El yeti sabe hablar! —dijo Sauce—. Esto MOLA un montón.

—¡No soy un yeti! —dijo la voz, que era grave y carrasposa. Sacó la cabeza un poco más—. ¡Soy un zorro!

Nancy y Ted se miraron la una al otro. Nancy frunció el cejo. A Ted se le pusieron los ojos como platos. A trompicones, cogió su linterna y la enfocó hacia el agujero.

Despacio, muy despacio, el monstruo se incorporó. A la luz de la linterna pudieron ver que la criatura iba cubierta con capas de mantas y trapos, que le hacían parecer descomunal. Llevaba un enorme sombrero peludo. A la espalda llevaba una mochila gigantesca, con cacerolas y sartenes colgando. Por algún lado sobresalían una caña de pescar y una cuerda enrollada. Y en medio de todo aquello, ciertamente, había un zorro.

Un zorro lleno de barro y que emanaba un pestazo tremendo.

—¿Pero quién eres? —ladró Nancy mientras lo tocaba con un palo, por si acaso.

El zorro sonrió.

—Tú debes ser Nancy —dijo.

Nancy gruñó y el pelo del lomo se le erizó.

—¿Cómo sabes mi nombre? —mascullo.

Pero el zorro no contestó y siguió sonriendo. Y entonces miró a Ted.

—Y tú debes ser... ¿Ted? —dijo. Y empezó a toser. Era una tos seca y cansada.

—¡UAU! —dijo Ted. Empezó a saltar arriba y abajo, y se olvidó de que tenía que estar asustado—. ¡Sí! ¡Sí, soy Ted! ¡Hola!

—¿Y yo cómo me llamo, ZORRO TELÉPATA? —gritó Sauce.

—Me temo que no lo sé —dijo el zorro.

—¡JA! Lo sabía —dijo Sauce, sin tener muy claro lo que quería decir con eso. Pero sonaba bien.

Nancy miró a su alrededor y encontró una piedra bastante grande y llena de aristas. Soltó el palo, cogió la roca y la levantó, apuntando directamente al zorro.

—Te lo pregunto por última vez —gruñó Nancy—. Responde o te tiro esta piedra a la cabeza. ¿QUIÉN ERES?

El zorro puso cara de susto y dio unos pasos hacia atrás en el agujero.

—No hace falta que te pongas así, Nancy —dijo—. Mira... Lo siento, pero no hay forma sencilla de decir esto...

El zorro suspiró muy profundamente.

—Me llamo Rufus, y... soy vuestro hermano.

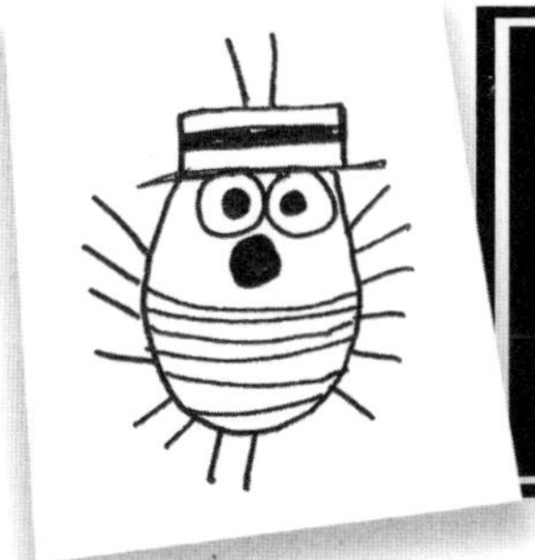

¡¡¡¿¿¿PERDONAAA???!!!

Me tengo que sentar.
¿Estáis sentados? Creo que nos
tenemos que sentar todos.

—Ay. Dios. Mío —dijo Sauce—. ¡SE ME VA LA CABEZAAAAAA!

Nancy se frotó la cara con las patas.

—Repite eso —dijo.

—Soy Rufus, vuestro hermano mayor —dijo la voz—. Llevo no sé cuánto tiempo buscándoos. Por eso estoy aquí.

A Ted se le llenaron los ojos de lágrimas mientras miraba a Nancy, a Rufus, y otra vez a Nancy.

—¡No me lo puedo creer! —susurró—. ¡Tengo un hermano!

—Por favor... Por favor, ¿me podríais sacar de este agujero? —gimió Rufus. Y luego tuvo un ataque de tos bastante fuerte.

—No —dijo Nancy secamente—. Tú te quedas ahí.

Ted cogió el termo de su mochila sin decir nada.

—Toma —dijo, y lo lanzó al agujero—. Me parece que te hace falta beber algo.

Nancy lo miró.

—¿Pero qué haces? —susurró.

Ted se encogió de hombros.

—Suena a que está hecho polvo, Nance... Sea quien sea.

Oyeron a Rufus tragar y sorber del termo de Ted.

—Ay, gracias, de verdad —dijo, y su voz sonaba mucho más clara ahora—. ¡Es la primera bebida preparada como es debido que me tomo en semanas. He estado bebiendo de ese estanque de patos asqueroso.

Sauce arrugó la nariz.

—Tío, más te vale no beber de ahí —dijo.

—¿Y por qué me iba yo a creer ni una palabra de todo lo que dices? —gruñó Nancy—. No tengo hermano mayor. Nunca lo he tenido. Estás soltando trolas como camiones, nos estás asustando, y eso no me gusta.

—Espera —dijo Rufus—. Deja que te lo demuestre.

Se oyeron tintineos y ruidos de remover.

El termo de Ted salió volando del agujero, y cayó a los pies de Nancy.

—Ábrelo —dijo Rufus.

Nancy abrió el termo y lo puso boca abajo. De él cayó un rollo de postales atadas con una cuerda. Lo recogió.

—¡Eh! —dijo Ted—. ¡Esas postales las he escrito yo! ¡Son las postales que he estado mandando a mamá y papá a la gran ciudad!

A Nancy comenzaron a temblarle un poco las patas.

—Lo sé —dijo Rufus—. Así es como me enteré de que estabais en Grimwood. He... He estado muchos años fuera. He viajado mucho, ¿sabéis? Luego volví a la madriguera hace unas semanas y me encontré esto.

—¡Los mapas! —dijo Ted, sintiéndose muy satisfecho consigo mismo de repente—. Dibujé mapas.

Nancy estaba diciendo que no con la cabeza.

—Pamplinas —dijo—. ¿Por qué no nos lo dijiste? ¿Por qué has estado escabulléndote y fingiendo ser un monstruo?

—¡Intenté decíroslo! —replicó Rufus—. Pero nunca parecía ser el momento apropiado. O sea, en este lugar siempre estáis a tope. Os lo iba a decir una tarde, pero había una boda, y luego un águila...

Sauce soltó una risita y miró hacia el cielo con cara incrédula.

—Aaah, qué tiempos más locos —dijo melancólica.

—Y había tanta comida... —dijo Rufus—. Estaba muerto de hambre. Llevaba días sin comer. Estabais todos distraídos y... me temo que... yo...

—Lo robaste —dijo Nancy.

—Sí —dijo Rufus tras un rato—. Lo siento. Pero tenía que hacerlo. Y la siguiente vez que os vi, quise saludar, pero había estado durmiendo dentro del montón de neumáticos viejos... ¡y de repente, alguien les pegó fuego! Me chamusqué la cola y todo. Y desde entonces no he podido quitarme este hollín negro del pelaje.

Ted estaba echándole un ojo a sus postales antiguas. Parecía estar mucho menos nervioso que Nancy.

—¿Cómo de grandes son tus pies? —preguntó Ted.

—¡Ja! —replicó Rufus—. Del tamaño normal que tienen los pies de un zorro de mi edad. Pero me dolían que no veas después de que unos perros salvajes me persiguieran.

—¡Perros salvajes! —chilló Ted—. ¡Hala!

Rufus soltó una risita cansada.

—Sí, aquello no fue muy divertido que digamos. Me persiguieron durante todo un día y toda una noche. Tenía las patas llenas de cortes. Pero entonces encontré esto... Esperad...

Se oyó el ruido de más cosas revolviéndose, y pudieron ver que Rufus se inclinaba para soltarse algo que tenía en los pies.

Tiró al exterior lo que parecía ser una raqueta de tenis peluda.

—Creo que son zapatos para la nieve antiguos —dijo—. Los encontré en un vertedero en las afueras de Grimwood. Es complicado andar con ellos, pero al usarlos he podido curarme las patas.

Sauce se acercó dando saltitos y lo recogió.

Luego se puso a hacer huellas en el barro con él.

—¡Son huellas de yeti! —murmuró—. ¿Me pasas el otro? Les voy a pegar un susto a mis hermanos y a mis hermanas que se van a caer de culo.

Nancy sacudió la cabeza, como si acabara de recordar que Sauce existía.

—Coneja —dijo—. Ve y busca a los demás. Diles que... que necesitamos ayuda.

Sauce hizo el saludo marcial.

—¡Hasta luego, Rufus! —gritó—. Perdona por lo de la trampa... Aunque mola mucho, ¿verdad?

Se oyó una risita.

—Sí —dijo Rufus con voz amable—. Me has tendido una señora trampa.

Y Sauce se marchó dando saltos para cotillear A TOPE el secreto del hermano mayor zorro.

—Nancy —dijo Rufus—. Sé que estás molesta, pero... ¿me dejas por favor salir ya del agujero?

—No —dijo Nancy—. No hasta que te expliques.

Ted la miró con los ojos enormes y húmedos.

—Ay, hermana —dijo—. ¡Tenemos que darle una oportunidad!

—No, Ted —dijo Nancy—. No podemos confiar en él. Es un zorro desconocido que encontró tus postales y ha venido aquí a agobiarnos.

—¿Y por qué iba un zorro desconocido a meterse en tantos líos? —dijo Ted—. No tenemos nada que él pueda querer. Por favor, Nance. Hazlo por mí.

Nancy suspiró y cerró los ojos durante unos segundos.

—Vale —espetó.

—¡Vamos a ayudarte, Rufus! —dijo Ted mientras se quitaba la bufanda y descolgaba una de las puntas hacia el agujero.

—Pero como me pongas un dedo encima, o se lo pongas al chaval —dijo Nancy—, considérate fiambre.

Mmm. Fiambre.
Perdón, imagino que no es cuestión de pensar en merendar justo ahora, ¿verdad?

CAPÍTULO 14

Recuerdos

Ted había hecho una hoguera, y los tres estaban sentados alrededor: Ted y Nancy en un lado, y Rufus en el otro. Una vez se hubo quitado todas las mantas roñosas y trapos rotos de encima, Ted y Nancy pudieron ver muy claramente que Rufus era un simple zorro. Ted lo examinó a la luz del fuego. Tenía las orejas hirsutas, el pelaje sucio y los bigotes torcidos. Olía a neumáticos viejos, a estanque mohoso y a vete tú a saber qué más. Pero sus ojos cansados resplandecían con fulgor.

Nancy miró fijamente a Rufus, con cara suspicaz.

—Ya sé que huelo que apesto —dijo Rufus con vergüenza—. He estado muchos días durmiendo en el bosque. Cuando llegué aquí por primera vez, me caí en ese pantano horrible y no he logrado quitarme el barro maloliente de encima. La peste es cada vez peor, ¿sabéis? Intenté bañarme en el estanquito, pero esos patos escandalosos me asustaron. Qué humos tienen, ¿no?

Nancy miraba al fuego y no levantaba la vista.

—Bueno, explícate ya —gruñó—. ¿Por qué deberíamos creer que eres nuestro hermano?

Rufus se aclaró la garganta y se acercó un poco más al fuego.

—Me parece de justicia que sepáis esta historia —dijo—. Poneos cómodos. Porque no es de las normales.

—Nos marchamos de Grimwood cuando tú, Nancy, no eras más que una cachorrita. Sí, habéis oído bien... ¡Mamá y papá eran de Grimwood! Me morí de alegría cuando vi las postales de Ted. Aunque no sabíais que era nuestro hogar, habíais logrado encontrar el modo de volver. Sois un par de genios.

En fin. Tú eras una cachorrita, pero yo era un poco más mayor y ya había salido a explorar por mi cuenta.

En aquella época había muchos más humanos

montados a caballo cerca de aquí. Galopaban por todas partes con sus perros furiosos, intentando atraparnos a los zorros. Una cosa horrible. Un día casi me cogen. ¿Veis esta oreja, donde me falta un trozo? Eso fue cosa de los perros. Total, que eso asustó muchísimo a mamá y papá. Pensaron que Grinwood podía estar empezando a ser un lugar demasiado peligroso. Alguien les contó que muchos zorros estaban teniendo bastante mejor suerte en la gran ciudad. Lo cierto es que a papá no le apasionaba la idea, pero mamá siempre fue bastante viajera, ¿sabéis? Supongo que lo he heredado de ella. Siempre tenía ganas de irse lejos y ver cosas nuevas. Era un tipo de zorra a la que no le gustaba quedarse mucho tiempo en el mismo sitio.

Así que nos marchamos los cuatro: mamá, papá, Nancy y yo. Y prácticamente nada más llegar a la gran ciudad, Ted, naciste tú. Mamá y papá estaban muy liados cuidándoos a los dos. Pero a mí no me importaba. Me encantaba merodear por la gran ciudad. Pasaba casi todo el rato fuera, por ahí. Puede que por eso no me recuerdes bien, Nance. Yo era joven y me encantaba quedar con mis amigos.

De hecho, hice un montón de amigos. Vaciábamos cubos de basura y nos metíamos en peleas. Mi mejor amigo Marco estaba en un grupo de música. A veces tocábamos música toda la noche. Los gatos del vecindario se nos unían y se ponían a aullar. Nos lo pasábamos pirata.

Total, que estábamos una noche royendo huesos de pollo, y de repente, Marco me dice:

—Eh, Rufi. ¿Te gustaría viajar por el mundo?

Y yo dije:

—¿Que si quiero qué, tío?

Y él respondió:

—Hay un barco que sale del puerto mañana mismo. Estará lleno de músicos, artistas y gente del circo, todo tipo de fauna. ¡Podríamos viajar por todo el mundo con nuestra banda!

La verdad es que aquello pintaba ser la cosa más emocionante del mundo. Mamá solía contarme lo bien que se lo pasó cuando viajaba mucho, y ella también tocó en un grupo cuando era joven. ¡Sí, Ted, ella hizo eso de verdad! Pero luego conoció a papá y todo aquello se acabó.

Le dije a Marco que lo pensaría. Me dijo que tendría que estar en el puerto al alba. Así que caminé hasta nuestra madriguera. Los cuatro estabais enrolladitos y juntos. Se notaba que estabais calentitos y cómodos. Me senté y miré cómo dormíais durante el resto de la noche.

Luego escribí una nota explicándoselo todo a mamá y a papá. Dije que volvería pronto, pero que quería vivir una pequeña aventura.

A la mañana siguiente aparecí en el puerto. Vi que Marco y sus colegas se dirigían a un barco naranja enorme. Nunca me olvidaré, había una gaviota observándonos a todos. Llevaba un gorro de capitán y pegaba tragos de una botella de refresco con burbujas.

—¡Ceporros! —gritaba—. ¡Sois todos unos ceporros!

Y, bueno, eso me puso un poco nervioso. ¿Estaba siendo un inconsciente? ¿Y si aún era demasiado joven para tanta aventura?

Y entonces pasó algo absolutamente loquísimo.

La gaviota con el gorro vino volando y aterrizó en mi cabeza. Empezó a picarme dentro de la oreja, diciendo:

—¡Mmm, esta cera de los oídos parece queso!

Me dio muy mal rollo. Podía oír a la gente riéndose de mí, porque estaba girando como una peonza mientras intentaba quitármela de la cabeza.

Al final logré ahuyentarla, y tuve suerte, porque justo entonces el motor empezó a rugir, y el barco se empezó a separar del muelle. Salté a la cubierta del barco mientras este se alejaba. ¡Fiu! Estaba superaliviado y emocionado por el viaje.

Empecé a buscar a Marco y a sus colegas, pero no lograba verlos por ningún lado. De hecho, después de un rato me di cuenta de que allí no había *nadie*.

El barco estaba desierto. Allí solamente había montones de cajas apiladas unas encima de otras.

Noté un revoloteo de preocupación en el estómago. Algo no iba bien. Estuve un buen rato olisqueando y encontré una caja llena de heno y de plátanos. A esas alturas ya tenía hambre y me moría de sueño, así que piqué un poco y me eché a dormir.

Y cuando me desperté, estaba mirando a un pingüino.

—¡Ay! —dije.

—¡Hola! —dijo el pingüino saludando con la aleta.

—¿Quién eres tú? —pregunté yo.

El pingüino se miró la aleta, que tenía una pequeña etiqueta naranja atada.

—Soy 345 —dijo—. Tú eres mucho más pequeño y peludo que los otros científicos, si no te importa que te lo diga.

Resultaba que me había subido al barco equivocado.

La gaviota me había confundido tanto que me había subido por la pasarela que no tocaba. Y ahora me dirigía a la Antártida con un montón de pingüinos y unos cuantos científicos.

Y al respecto de mamá y papá, he tenido que ir reconstruyendo lo que pasó con las cosas que otra gente me ha contado. Al parecer, cuando leyeron mi nota, se sintieron mal por que yo estuviera tan aburrido y me sintiera solo. Así que os metieron a los dos en una mochila y se fueron corriendo al muelle.

Para entonces, yo ya estaba en el barco equivocado, pero ellos no lo sabían, claro. Papá vio a la gaviota con gorro de capitán y le preguntó si había visto a algún zorro subirse a un barco. Y por supuesto, la gaviota dijo que sí.

—¡Ceporros! —chilló—. ¡Sois todos unos ceporros!

Y apuntó con su ala a un barco naranja enorme.

Corrieron por la pasarela y subieron al barco. Seguramente lo escudriñaron entero. Vosotros dos

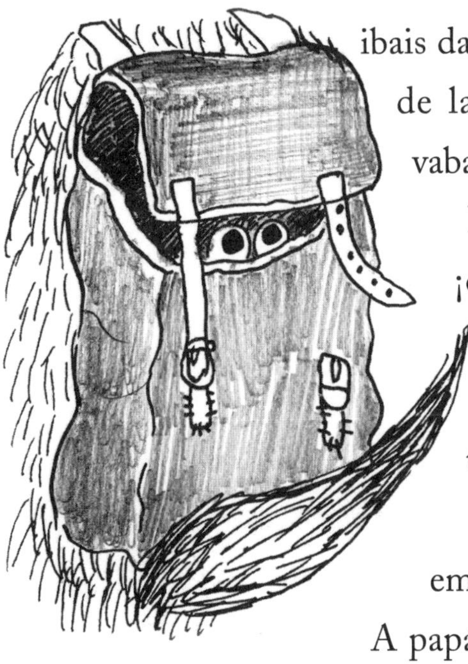

ibais dando tumbos dentro de la mochila que llevaba papá.

Pero entonces... ¡ocurrió un desastre! Se oyó un *MUOOOONC* fortísimo.

El barco estaba empezando a moverse. A papá le entró el pánico. Bajó corriendo por la pasarela y os puso a los dos a salvo. Luego se apresuró para encontrar a mamá, que seguía buscándome. Pero de repente, el barco se separó del muelle y comenzó a moverse. Mamá saltó al agua sin pensarlo, y acto seguido, papá hizo lo mismo.

(Disculpa, Ted. ¿Me darías un poco más de té? Gracias).

Nadaron y nadaron intentando alcanzaros. Eso es lo que me contaron, y es lo que creo. El problema es que los zorros no nadamos especialmente rápido. Y el mar se movía mucho a su alrededor. Luego, la gaviota me dijo que seguro que se iban a ahogar. Por suerte, Marco y el resto de mi grupo de música los vieron y les tiraron una cuerda justo a tiempo. La cogieron y subieron al barco. Al parecer, papá os gritó algo a los dos, pero no estoy seguro de qué. Y luego, el barco zarpó y se alejó.

—«Cuida de él, mi pequeña valiente» —dijo Nancy casi en silencio—. Eso es lo que dijo.

De repente podía escucharlo todo. Las gaviotas, las olas que golpeaban el casco del barco. La voz de su padre llamándola.

—Entonces... ¿mamá y papá estaban vivos cuando los subieron al barco? —preguntó mientras todavía miraba al fuego fijamente. Ted se había acurrucado junto a ella mientras Rufus hablaba, y sus colas se habían enroscado muy fuertemente la una con la otra.

Rufus asintió.

—Sí. Aunque, como he dicho, yo no estaba allí. Pero un gato del barco lo vio todo. Se lo dijo a unos amigos. Y los chismes de los gatos corren que vuelan.

—¿Y qué te pasó a ti? —preguntó Ted—. ¿Cuándo te enteraste de todo esto? ¿Por qué hemos tardado tanto en conocerte?

Rufus sacó una foto del bolsillo de su chaleco.

—Al final terminé pasando dos años en la Antártida. Los científicos estaban emocionadísimos de que un zorro se uniera a la colonia de pingüinos. Al parecer, uno de ellos escribió un libro explicándolo. En cuanto un barco salió de allí, me subí en él, pero tuve que

esperar muchísimo. Cuando llegué a casa, me fui como una flecha a la madriguera. Pero para entonces ya os habíais marchado. Pregunté por allí y me enteré de lo que había pasado con mamá y papá. Y luego encontré las postales. Y ahora... estoy aquí.

Todo el mundo se quedó en silencio durante un rato muy largo.

—Eso es una PASADA —dijo Ted—. ¡No me puedo creer que hayas estado por ahí con pingüinos!

Rufus sonrió.

—Huelen que apestan, pero nos hicimos buenos amigos —dijo—. Lo más extraño es que juegan de maravilla al ping-pong.

—Yo creo que te pareces un poco a mí, la verdad —dijo Ted, mirando a Rufus con muchísima atención.

Rufus señaló la bufanda blanca y negra de Ted.

—Esa bufanda —dijo— es de mamá. Seguramente te la puso aquel día antes de que salierais de la madriguera.

Ted dio un respingo, y sus ojos se agrandaron muchísimo. Y entonces hundió la cara en la bufanda y aspiró profundamente. Miró hacia arriba con una gran sonrisa.

—Siempre me ha encantado el olor de esta bufanda —dijo—. ¡Ahora sé por qué!

Rufus se rio suavemente y miró a Nancy. Ella estaba mirando al suelo todo el rato y no había dicho palabra.

—¿Nancy? —dijo con voz baja.

Hubo un silencio muy largo.

Finalmente, Nancy habló con una voz rota, extraña, que terminó convirtiéndose en un sollozo.

—No éramos más que unos cachorros —dijo—. ¡Unos cachorritos pequeños!

—Lo sé —dijo Rufus.

—Fue todo por tu culpa —dijo ella.

—Sí —dijo Rufus—. Lo fue. Todo fue culpa mía. Y no sabes, Nancy, lo mucho que lo siento. Ted, lo siento tanto. ¿Podríais llegar a perdonarme?

¡El piscolabis preferido de las ratas de todo el mundo!
GANCHOTES DE QUESO

CAPÍTULO 15
Perdonar

A ver, me han dicho que haga una «parte de risa» después del último capítulo, porque oficialmente ha sido MUY EMOTIVO, pero ¿qué hay de cómo me siento yo? ¡No soy una máquina! ¿Os pensáis que soy una cochinilla que se limita a «interpretar» lo que le mandan?

Bueno, es que... sí que eres una cochinilla que interpreta. O sea... Es tu trabajo. Mira, lo pone aquí, en este papel.
¿Y tú quién cochambres eres?
Sorry. Solo era un comentario.
¡Pírate! En este libro solo hay espacio para una cochinilla, ¡y esa soy yo, ¿VALE?!
Vale, no *problem*. Perdón por molestar. Chao.
¡Qué fuerte! Este libro se está yendo al garete.

Sauce estaba sentada en el estanquito, refunfuñando.

—El hermano perdido de las narices... —gruñó.

—¡CUAAAC! —parpeó Ingrid—. ¿Por qué estás tan alicaída, Sauce? ¿Dónde está Ted?

—Pfff —dijo Sauce mientras arrancaba unas hierbas y las lanzaba al agua—. Está con Rufus, su nuevo hermano mayor —resopló—. Dice Frank que tengo que «darle un tiempo» o no sé qué rollo parecido.

—Ah —dijo Ingrid—. Bueno, en ese caso imagino que Frank tiene razón. No tardará en volver contigo.

Sauce suspiró.

—Sí, eso espero. Lo echo de menos.

—¿Y qué hay de la hermana feroz? —preguntó Ingrid.

—Ah, Nancy no quiere saber nada de Rufus —dijo Sauce—. Lleva dos días sentada con Titus y Frank. Es todo un ROLLO y un PEÑAZO.

Ingrid se balanceó de un lado hacia otro acercándose a Sauce, y se acomodó junto a ella.

—Escúchame bien, joven coneja. He estado pensando en que debemos hacer una nueva actuación con la compañía de Grimwood —dijo—. A veces da la impresión de que este bosque se ha olvidado de su vanguardista grupo teatral.

A Sauce se irguieron las orejas.

—¡Ay, Ingrid! —dijo—. ¡A Ted y a mí nos encantaría volver a trabajar con la compañía de Grimwood!

—Necesito que alguien me ayude a escribir una función nueva —dijo Ingrid—. Y conozco a cierta conejita que me puede echar una mano.

—¿Quién es? —preguntó Sauce.

—¡Tú, tontaina! —parpeó Ingrid, dándole un cachetito en la cabeza—. Don Carlos y yo hemos tenido ciertas diferencias creativas. Cuando Ted se encuentre más tranquilo respecto de su drama familiar, deberíamos comenzar los ensayos. ¿Aceptas?

Sauce se puso de pie y empezó a dar botes.

—¡Sí, Ingrid! ¡Acepto un quintillonazo de veces!

Ingrid parpadeó muy despacio, lo cual, para ella, era lo más cercano a sonreír.

Ted dio un brinco para salir de la cama y empezó a meter cosas en su mochila: mantas, una toalla limpia, media pastilla de jabón.

—No irás de nuevo a ver... a ese matado, ¿verdad? —espetó Nancy.

—Sí, Nancy, voy a ir —dijo Ted—. Es nuestro hermano. Tú deberías venir también.

Salió de la madriguera con paso firme. Nancy lo siguió.

—¡Vaya! —dijo Frank—. Estos son los zorros con quienes quería toparme.

Le dio un café a Nancy.

—¿Cuándo vas a venir a conocer a Rufus, Frank? —dijo Ted—. ¡Te caerá bien, estoy seguro!

Frank asintió y echó un vistazo a Nancy.

—Cuando sea el momento, pequeño —dijo—. Ya lo he visto desde el aire cuando volaba, además.

Nancy no había logrado evitar que Ted visitara a Rufus. Pero había pedido a Frank que vigilara, para poder quedarse tranquila. Frank le pasó a Ted una hogaza caliente de pan.

—Para tu hermano —dijo Frank con timidez, intentando que Nancy no le echara una de sus miraditas—. De parte de Titus.

—Ay, qué amable es —dijo Ted sonriendo—. El pobre Rufi necesita engordar. ¿Quieres que le dé algún mensaje, Nance? —preguntó.

Y Nancy dijo algo que es demasiado grosero para ser reproducido en estas páginas. Y luego se marchó como una furia, meneando la cola con rabia.

Pero Ted no iba a dejar que aquello le amargara el ánimo. Cogió un puñado de flores de manzanilla y se fue dando saltitos felices hacia el foso de los monstruos. Rufus había decidido quedarse allí y no acercarse más a Grimwood. Había atado unas mantas viejas entre las ramas del roble.

Cuando llegó Ted, estaba calentándose las patas junto a un fuego que crepitaba.

—¡Buenos días! —dijo Ted, cantarín—. Titus me ha dado una hogaza de pan para ti. ¡Y te he traído un poco de jabón!

—Ah, gracias, hombre —dijo Rufus. Intentó mirar hacia los lados como si nada.

—Nancy sigue sin encontrarse bien —dijo Ted—. ¡Pero estoy seguro de que no tardará en venir a visitarte! ¡Bueno, y mira! Te he traído de todo.

Puso las flores en un frasco de mermelada, y Rufus se zampó el pan en cuestión de segundos.

—¡Hala! —dijo Ted—. Pues sí que tenías hambre. Si te vienes conmigo, Titus te cocinará lo que quieras. Y conocerás a Rulos, que es un tío divertidísimo, y a Sauce...

Rufus se rio.

—Que es tu mejor amiga, lo sé —dijo—. Ah, chico, sabes que me encantaría. Pero tengo que respetar cómo se siente tu hermana, ¿sabes? Os he soltado una bomba complicada de digerir.

Ted se acomodó junto a Rufus y sacó la libreta.

—He apuntado una lista de preguntas sobre mamá y papá —dijo—. Y luego tengo una lista de preguntas sobre ti. Y *luego* tengo veinte datos flipantes que quiero que sepas sobre mí.

—Vaya —dijo Rufus—. ¿Esto qué es, un experimento para recuperar el tiempo familiar perdido lo antes posible?

—Es exactamente eso —dijo Ted—. Tenemos que compensar todo el tiempo que hemos estado sin vernos. Y ADEMÁS te he traído un cepillo. Te voy cepillando mientras hablas, ¿vale?

—Eres un genio —dijo Rufus.

—¿A que sí? —dijo Ted con una sonrisa.

No sé qué pasa con todos estos personajes nuevos. ¿Qué problema hay con personajes ANTIGUOS que ya han sido más que puestos a prueba, eh? Como por ejemplo, vuestro viejo amigo Eric D. Me refiero a que no hace falta que venga por aquí otra cochinilla y se ponga a marear al personal.

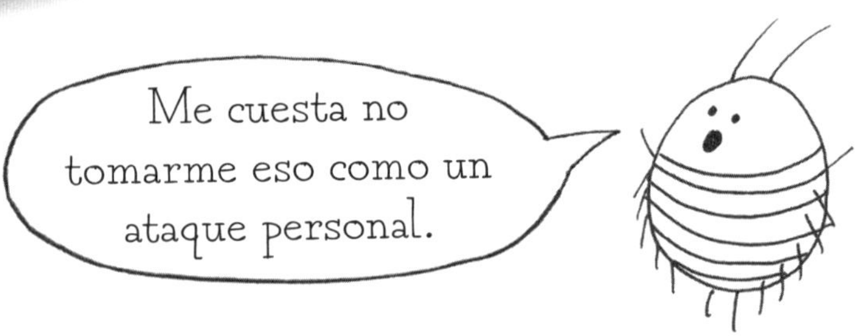

A Titus le preocupaba la hierba del exterior de su caravana. Nancy había estado paseando arriba y abajo con tanta frecuencia que la había desgastado. Ahora solo quedaba un triste pedazo de polvo marrón y tristón.

—¡YEEEPA! ¡A ver si te animas un poco, chica! —gritó Sharon, la graja fiestera. Le había puesto a Nancy un gorro de fiesta en la cabeza y le sopló unas cuantas burbujas en la cara—. ¿Sabes que no se puede estar de bajón mientras se baila el *pollo molón*?

Nancy se arrancó el gorro y lo pateó en el suelo.

—Bueno, vale, pues otra vez será, ¡YEEEEEEPA!

Sharon se alejó en silencio, haciendo el baile del *pollo molón* hacia atrás, hasta desaparecer de la parcela de Titus.

Titus sacó la nariz por la puerta de la caravana, albergando alguna esperanza.

—Buen intento, Titus —dijo Nancy.

—Ay, madre mía —dijo Titus—. Solamente me apetecía subirte el ánimo. ¿Qué vamos a hacer contigo, Nancy?

—Hum. ¿Qué tal si va a visitar a su nuevo hermano? —ululó Frank, que estaba tumbado sin dar golpe en la rama de una haya.

Nancy le tiró una castaña a la cabeza.

—¿Cómo? —dijo Frank, aleteando— Venga, niña. Que esto aburre ya.

—¿Por qué tengo que perdonarle? —espetó Nancy—. ¡Ted y yo no le importamos! ¿Por qué no nos encontró antes?

Frank descendió volando y se posó en los cuernos de Titus.

—A mí me parece evidente que sí le importáis, o si no, no se habría molestado en venir a buscaros —dijo—. Y si tienes más preguntas, hasta que no hables con él no obtendrás respuestas, ¿a que no?

Titus asintió, y eso hizo que Frank se cayera de su cabeza. Se deslizó un plato entero de galletas de chocolate.

—Me acuerdo —dijo—, de cuando dos jóvenes visitantes aparecieron de forma inesperada en Grimwood. No sabíamos qué podíamos esperar, pero, ay, yo estaba emocionadísimo de poder conocerlos.

Nancy puso cara de «no me agobies».

—Estás hablando de Ted y de mí, ¿verdad? —le soltó—. No intentes hacerme sentir culpable.

—La verdad es que hablaba de Samina y de Jeff, dos lombrices de tierra que son absolutamente encantadoras, pero, ¡sí! Ahora que lo mencionas, recuerdo que a ti y a Ted también os recibimos con las pezuñas abiertas. ¿No crees que deberías darle aunque fuera una oportunidad a Rufus?

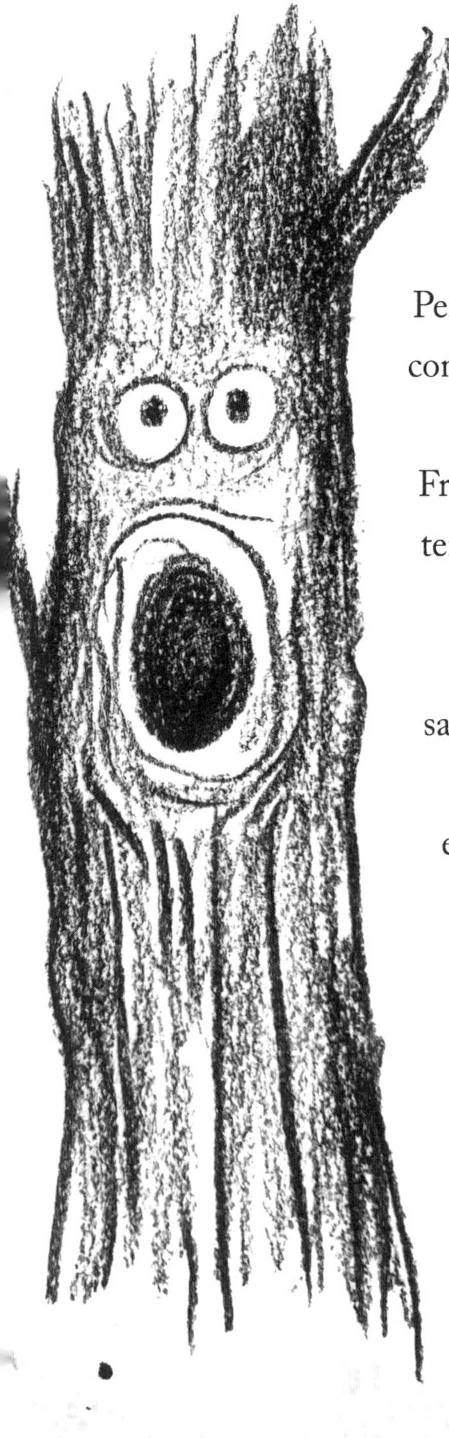

Nancy le dio un puñetazo a un árbol.

—¡Au! —dijo el árbol.

—Perdón —dijo Nancy—. Pero es que estoy muy enfadada con él.

—¡Pues díselo! —comentó Frank—. Eso hará que dejes de tener el estómago tan revuelto.

Nancy le tiró otra castaña.

—Vale, búho vejestorio sabelotodo —replicó.

—Bueno, es lo que me dijo el doctor Khan que debía comentarte —dijo Frank—. Pero a mí me parece una idea bastante buena.

CAPÍTULO 16
Fin

Era ya tarde, casi de noche, y Ted y Rufus se habían pasado la tarde charlando. Frank había estado cotilleando la escena, y cuando Ted se lo pidió, fue volando a por un cubo de agua limpia y fresca del lago de cristal en Brillastaña. Tras remojarlo en agua con jabón, y después de que Ted le pasara el cepillo, Rufus tenía una pinta bastante buena.

—Este tal Titus es un maestro de la repostería —dijo Rufus mientras se comía el undécimo bollo de crema aquel día—. Has tenido suerte de acabar aquí, chico.

—La verdad es que querría que mamá y papá no se hubieran marchado nunca —dijo Ted, un poco con tono lastimero.

—Ah, solo hicieron lo que creyeron que era mejor —dijo Rufus—. ¿Ya no vienen por aquí esos humanos montados a caballo?

Ted dijo que no con la cabeza.

—No, ahora lo que suelen hacer es tirar aquí basura, como por ejemplo esos neumáticos.

Rufus tuvo un escalofrío.

—Eran horribles —dijo—. Aquella noche vi cómo me mirabas.

—¿Por qué no dijiste nada entonces? —preguntó Ted.

—Estaba demasiado *nervi*, supongo. Estando como están ahora las cosas, tu hermana apenas cree que yo sea quien soy. ¡Si hubiera aparecido entonces de entre los neumáticos con aspecto del monstruo de las profundidades, jamás me habría creído!

Para entonces, la luz en Grimwood era cálida

y dorada. Los dos hermanos comenzaron a reunir leña para la hoguera de Rufus.

—Ted, es mejor que vuelvas con tu hermana antes de que se haga de noche —dijo Rufus—. No quiero que la tome todavía más conmigo.

—Uf, jooo —dijo Ted, pero empezó a preparar sus cosas para marcharse—. Supongo que tienes razón. Pero al menos no tengo que preocuparme de que me coma el yeti.

Rufus se levantó y le dio un abrazo a Ted.

—Saluda a Nancy de mi parte —dijo Rufus.

—Te devuelvo el saludo —gruñó una voz.

—¡Nance! —dijo Ted con un chillido, y corrió hacia su hermana, que se estaba acercando a ellos.

Ted la acercó al fuego. Y luego se quedó allí, de pie, maravillado de poder estar contemplando a su hermano y a su hermana.

—Ted, vete un rato a jugar con tu amiga la coneja —dijo Nancy—. Te echa de menos. Lleva días calentándonos la cabeza a todos.

—¡Ah! ¡Pero yo me quiero quedar con vosotros! —dijo Ted dejando caer la cola por la decepción.

Rufus le guiñó el ojo a Ted.

—Ve, chaval —dijo sonriendo—. Mañana nos vemos, ¿vale?

—Vaaale —dijo Ted suspirando. Podía entender que Nancy y Rufus necesitaban pasar un rato a solas.

—Es un chiquillo estupendo —dijo Rufus mientras miraba a Ted alejarse hacia Villaconeji dando saltitos.

—Sí —dijo Nancy—. Es el mejor.

Rufus se sentó en un tronco y le hizo un gesto a Nancy para que hiciera lo propio. Tosió de forma nerviosa.

—Sé que tenemos que hablar de muchísimas cosas —dijo Rufus, rascándose la oreja—. Tengo muchas cosas que explicar, y te prometo que lo haré, pero... Verás, Ted me ha estado contando sobre tus sueños.

Nancy arrugó las cejas.

—Sí, bueno. Supongo que ahora tienen algo más de sentido —murmuró Nancy.

Rufus sacó una flautita irlandesa.

—He pensado que quizá te apetezca escuchar algo —dijo.

Y tras un par de soplidos para quitarle el polvo, Rufus comenzó a interpretar una cancioncilla. Miró a Nancy para ver si la reconocía.

Nancy tenía el pelo del lomo erizado.

—¡Es esa...! —susurró—. Es la melodía... ¡Es lo que he estado escuchando en mis sueños!

Rufus sonrió.

—Ted dijo que no lograbas recordar las últimas notas —comentó—. Voy a tocarla de nuevo.

Nancy cerró los ojos mientras Rufus tocaba. Tuvo la más maravillosa de las sensaciones, como si la música viajara hasta sus oídos y sumergiera su cuerpo en un manantial de calidez. Se puso la pata en el pecho y notó cómo le latía el corazón.

—Mamá solía cantárnosla —dijo Rufus suavemente—. Lo hacía todas las noches, antes de que nos durmiéramos. Se la inventó ella. Fue lo primero que me enseñó a tocar.

Nancy no dijo nada. Simplemente se tumbó en el tronco junto al fuego y suspiró.

Rufus sonrió. Era la primera vez que había visto a Nancy relajada.

—La toco unas cuantas veces más, ¿vale? —dijo.

Y tocó la canción con la flauta una y otra vez, hasta que el sol terminó de ponerse y Nancy cayó en el sueño más profundo que había experimentado jamás.

Titus golpeó varias veces con un tenedor un tarro de mermelada lleno de flores. Ted había colocado unos cuantos en la mesa, ya que era una ocasión especial.

—Por favor —dijo Ingrid—. ¿Por qué insiste en dar discursos? Podría dejárnoslo a los profesionales, digo yo.

—Querida, deja que disfrute de su momento —comentó don Carlos.

—¡Queridos amigos! —dijo Titus mientras se hurgaba la nariz con el pañuelo—. ¿No es esto maravilloso? Parece que fue ayer cuando en Grimwood dimos la bienvenida a Nancy y a Ted. Y ahora estamos acogiendo con los brazos abiertos a otro miembro de su maravillosa familia, ¡Rufus!

Se oyeron vítores, gritos de júbilo y parpeos de pato. Rufus se sonrojó.

—Lo cierto —siguió diciendo Titus— es que

debería decir que estamos celebrando su regreso. Porque resulta que Rufus es de Grimwood, ¡y también lo es nuestra querida Nancy!

Se oyeron más vítores y gritos. Luego hubo un extraño sonido de alguien que se atragantaba, pero solamente era Pamela intentando tragarse un tarro de mermelada de golpe.

Rufus se levantó.

—Os estoy muy agradecido —dijo—, por acoger a mi hermano y a mi hermana y darles el amor familiar que se merecían.

—¡Se refiere a mí! —dijo Sauce, apuntándose a la cabeza—. ¡Aquí tenemos una familia amorosaaa, síseñorrr!

Nancy le tiró una castaña, pero Sauce la atrapó con la boca como toda una experta y le hizo a Nancy el gesto de pulgares arriba mientras se la zampaba.

—Quiero proponer un brindis —dijo Rufus levantando su vaso de limonada rosa—. Por Rex y Jess. Nuestros valientes y cariñosos mamá y papá. Eternamente de aventura, dondequiera que estén.

—¡Por Rex y Jess! —dijo todo el mundo haciendo entrechocar los vasos.

—¡YEEEPA, YEEEPA! ¡Venga, a montar una discofiesta locuela se ha dicho! —dijo Sharon mientras hacía estallar cinco serpentinas explosivas a la vez, que la catapultaron por el aire.

Pamela empezó a poner unos temas desde el puesto de DJ portátil de Sharon.

—Este sitio es absurdo, siempre hay gente poniendo música y bailando —dijo Ingrid quejosa.

—Venga, Ingrid, si te encanta —dijo Frank mientras picoteaba una patata asada—. ¿Me concedes este baile? —dijo mientras extendía el ala.

—No —dijo Ingrid.

Don Carlos Borrascosio observó cómo su furiosa esposa se balanceaba para acercarse a Sauce.

—¿A que es maravillosa? —dijo suspirando.

Frank miró al cielo como pidiendo paciencia.

Sauce estaba ocupadísima contándole a Ted que ya se estaba cociendo un proyecto teatral nuevo que iban a hacer con Ingrid.

—¡Qué guay, Sauce! ¡Qué ganas! —dijo dando saltos—. Eres la mejor. Perdona por haber desaparecido durante unos días. Espero que sepas que soy tu mejor amigo para siempre.

Sauce se rio.

—¡¿Te crees que YO estaba preocupada por eso, chaval?! ¡Soy la uno! Y tu hermano nuevo parece guay ahora que se ha dado un baño.

—¿Echarás de menos ser cazadora de monstruos? —dijo Ted.

—¿Me has oído decir que vaya a dejar de serlo? —susurró Sauce al tiempo que sus ojitos se estrechaban.

¡ARBOOOOOOLPLOOOOOOOF!

gritó Ginger Fiasco mientras se propulsaba desde las ramas de un árbol de espino. Chocó en el aire con Martín, e hizo que le salieran las zapatillas con luces volando por ahí. Una de ellas le cayó a Sharon en la cabeza.

—¡Yuuujuuu! —chilló—. ¿Quién ha apagado la luuuz! ¡Fiestaca en la oscuridaaad, oleeeeee!

—¿No te apetece? —dijo Rufus dándole con el

codo a Nancy y haciendo un gesto con la cabeza en dirección a las ardillas que hacían arbolplof.

—*Nah* —dijo ella mientras se tocaba la barriga—. He comido tanto que paso.

—Hace mucho tiempo que no comía tan bien —dijo Rufus—. En cuanto volví de la Antártida, todos habíais desaparecido, así que empecé a vagar sin rumbo. No sabía qué hacer con mi vida. Caminé por los canales hasta salir de la ciudad. Te digo una cosa, no quiero volver a comer pescado en toda mi vida.

Nancy se rio.

—Tenemos mucho de lo que ponernos al día. ¿Te vas a quedar un tiempo por aquí?

—Sí. Si no te importa.

—*Nah* —dijo Nancy.

—¿No tienes nunca ganas de volver a la gran ciudad? —preguntó Rufus.

Nancy miró a Ted y a Sauce rodando por el suelo y a las ardillas rebotando sobre su cabeza. Titus y Rulos estaban echando la siesta en unas sillas plegables.

—*Nah* —dijo Nancy de nuevo—. Yo creo que somos zorros de Grimwood, ¿no crees?

Rufus asintió y muy despacito, le puso el brazo en el hombro a Nancy. Ella no lo retiró.

—Sí —dijo él, dándole un apretoncito—. Creo que sí lo somos.

¡Ay, cómo me encanta un final feliz, ¿a vosotros no?! Me siento como si me hubiera montado en una montaña rusa de emociones. Todos hemos crecido mucho interiormente, ¿verdad que sí? Lo noto en mi exoesqueleto. ¡Acabo de convertirme en una cochinilla mucho mejor, más amable y sabia!

¡PÍDELOS AHORA! SALDRÁN... PROBABLEMENTE NUNCA.

ALERTA LEGAL DE LA COCHINILLA

El honorable juez Dinamita les recuerda que estos libros son MENTIRA COCHINA, que en realidad NO EXISTEN y que NO PUEDEN SER COMPRADOS. Quienes desobedezcan esta orden serán llevados a la cárcel y dispuestos de cara a la pared, donde podrán reflexionar largo y tendido sobre lo que han hecho. Muchas gracias.

LOS LIBROS REALES
NADIA SHIREEN
GRIMWOOD
¡POR LOS PELOS!
NADIA SHIREEN
Bienvenidos a
GRIMWOOD
CUIDADO no perdáis la cabeza...
ESTOS SÍ QUE LOS PUEDES CONSEGUIR.
CÓMPRALOS, por favor.

Y
HAY MÁS
LIBROS DE
GRIMWOOD
QUE TODAVÍA
NO HAN SALIDO
¡PERO SALDRÁN
PRONTO!